U0615377

使命驱动型学校建设三部曲
建设使命共振的学校

［美］刘京秋（Jane Liu）

［美］哈维·阿尔维（Harvey Alvy）　著

教育科学出版社

ESPH

Educational Science Publishing House

出版人　李　东
策划编辑　刘　灿
责任编辑　颜　晴
版式设计　杨玲玲
责任校对　马明辉
责任印制　叶小峰

图书在版编目（CIP）数据

建设使命共振的学校／（美）刘京秋（Jane Liu），
（美）哈维·阿尔维（Harvey Alvy）著 . —北京：教育
科学出版社，2020.6（2023.9 重印）
（使命驱动型学校建设三部曲）
ISBN 978-7-5191-2130-3

Ⅰ.①建… Ⅱ.①刘… ②哈… Ⅲ.①中小学－学校
管理－研究 Ⅳ.① G63

中国版本图书馆 CIP 数据核字（2020）第 012214 号

使命驱动型学校建设三部曲
建设使命共振的学校
JIANSHE SHIMING GONGZHEN DE XUEXIAO

出 版 发 行	教育科学出版社		
社　　　址	北京·朝阳区安慧北里安园甲 9 号	邮　　编	100101
总编室电话	010-64981290	编辑部电话	010-64981265
出版部电话	010-64989487	市场部电话	010-64989009
传　　真	010-64891796	网　　址	http://www.esph.com.cn
经　　销	各地新华书店		
制　　作	卡古鸟设计		
印　　刷	保定市中画美凯印刷有限公司		
开　　本	890 毫米 × 1240 毫米　1/32	版　　次	2020 年 6 月第 1 版
印　　张	4.875	印　　次	2023 年 9 月第 4 次印刷
字　　数	86 千	定　　价	32.00 元

图书出现印装质量问题，本社负责调换。

前言
Preface

对一名中小学校长而言，这是一个令人激动的时代，也是一个大有可为的时代！21世纪对人才的需求正在挑战以往的教育实践，也在挑战人们熟知的教育理念和传统的学校操作！学校不再只是一个教师教、学生学的场所，而是正在被塑造成一个师生互教互学的合作的专业学习共同体（CPLC[①]）。校长作为CPLC之长，不是单打独斗的英雄，而是新世纪教育的领跑者和推动者；不仅是学校政策的代言人，而且是集体决策的积极参与者；不仅是关键时刻的英明决断者，而且是全校师生奋斗时的啦啦队队长。一名CPLC校长勇于学习，敢于变革，有能力、有魅力创建学校的新文化，能够增强全体人员的使命感、责任感和荣誉感。

面对21世纪的各种挑战，当一个优秀学生不容易，当一个能胜任工作的教师不容易，当一个高效率校长更不容易！校长一定要关注学校使命和愿景的指导性及可行性，带领全体教职工以及学生和家长全力以赴奔向学生成功的目标。基于这个理念，在

---

① 合作的专业学习共同体（Collaborative Professional Learning Community）在本套书中可简写为CPLC。

这套书中，我们以学校使命为先，以把学校建设成一个CPLC为目标，帮助学校进行决策和实践。

在美国"principal"一词特指中小学校长，不同于"president"或"chancellor"（大学校长），因而，本套书谈及的校长只限于中小学校长，尤其是美国公立中小学校的校长。美国大约有百分之九十的学龄儿童在公立中小学校就读，这些学校必须按照联邦和州政策行事，他们的实践反映了美国主流中小学校的状态。

为了便于携带和阅读，我们把这套书分为三册。第一册集中讲述如何创建使命和愿景，将学校塑造成一个合作的专业学习共同体。第二册的主题是如何当好一位教学领导，包括对校长本人教育理念的检测，校长对教学设计的指导和对教学实践的督导与评估。第三册主要关注校长对学校的全面管理和领导。我们相信："Leaders do right things while managers do things right."（领导者正确决策，管理者正确执行。）学校的使命及校长的道德观和价值观决定着学校的运转。

许多美国教育工作者都对本国中小学教育质量有着深切的担忧，并怀有必变之勇气。本书较大篇幅反映的就是这种现实。书中不少内容涉及几十年来美国中小学校长们一直在探求的迫切需要解决的问题，有些是在探求新答案，有些是探讨如何为将要面临的挑战做准备。在撰写本书的过程中，我们尽力寻找中美两国教育中的相关点，因此也有一些中国中小学校的实践资料融入书中。

　　书中所描述的教育现实，可能会使一些中国校长产生异地同景之感，这就恰恰说明中美校长们共同走在探讨中小学教育改革的征途上。我们撰写这套书的初衷是希望能够抛砖引玉，引起正在奋斗的教育工作者们更多的思考。

　　比较教育从来不是比较哪一种教育制度更优秀，而是通过比较，立足本国现状，借鉴他国经验，取长补短。请大家在阅读这套书时，不要依据其中的内容，将每一位中小学校长的表现概括化、理想化。校长们各有其才，各放其彩，能为自己和他们所领导的学校书写历史。

　　在以前众多的学校管理出版物中，理论研究往往多于理论运用。本套书的作者之一哈维·阿尔维（Harvey Alvy）博士是一位拥有十四年中小学校长经验的优秀教育工作者。他以理论联系实际的管理模式在美国中小学校长界著称，他不仅连续出版了数册深受美国中小学校长欢迎的图书，还多次在学区、全国级学术会议，以及国际教育学术会议上进行主旨演讲。刘京秋博士在中国有十年中学课堂教学经验，又在美国大学教育系工作近三十年，有着丰富的教师和校长培训经验，她的许多出版作品和演讲都集中在中美比较教育上。两位作者以自己在中小学工作的经历为背景，联系中国实际，以理论为纲、实际应用为本，以交互式方法呈现内容。大家在阅读时，请带入自己的工作经验，与书中的理念、实例或问题进行对话。希望读完这套书，留在你脑子里的不仅仅是文字的述说，更是对教育理念的理解和应用的冲动。

感谢阅读这套书的中国同行们和对这些题目感兴趣的读者。我们希望以这套书为桥梁，搭建与大家真挚交流的平台。我们的email：jliu2@ewu.edu 或 halvy@ewu.edu。中英文交流皆可。

在此，向给予我们巨大帮助的人们致谢。首先感谢教育科学出版社教师教育编辑部刘灿主任对这套书自始至终的认可和支持，没有他的帮助，就不会有这套书的面世。我们也衷心感谢颜晴女士的精心编辑。刘灿先生和颜晴女士的建设性意见使这套书的内容和中国教育现状更契合。

最后我们向自己的家人表示最衷心的感谢。我们各自的另一半和各家的女儿始终是我们的啦啦队。没有他们的理解和热情，我们是无法完成这套书的。

目录
Contents

第三章 建立合作的专业学习共同体（CPLC）

第四章　建立合作的专业学习共同体的活动

第一章

一个小学校长的一天

中小学校长日复一日的工作情景可以用三个词来描述（Peterson，1982）：

繁杂　　琐碎　　简洁

以前，许多校长忙于"以一己之力而独领风骚"地处理学校事务。现在他们越来越认识到团队领导的重要性，他们需要全体教职工的共同努力和精诚合作，他们倚仗大家的综合专业素质，他们希望大家共同承担学校的学习、建设和发展的责任。校长在不断地适应和调整作为领导者和管理者的双重角色，而且他们更倾向于成为一名高效的教学领导者。

一个校长的锤炼历程是漫长而又艰辛的。无论他们在师范院校的学习成绩如何优异，以前的管理经验多么丰富，他们都是在现实的严峻挑战中成长和成熟起来的。无论是新校长还是老校长，时刻都要有心理准备：意想不到的事情随时可能发生。但解决突发事件时应以学校的使命和愿景为原则，以学生的高效学习为基点。

有研究报告指出，一个美国中小学校长每周的平均工作时间是60个小时（Sparks，2016）。校长的每一天都是忙碌的，但又忙得迥然不同。下面是亚伯拉罕·林肯小学校长弗兰克·梅斯先生忙碌的一天。

清晨5：00

弗兰克·梅斯先生起床。在吃完一顿营养搭配均衡的早餐后，他打开电脑，开始处理一夜之间发送过来的电子邮件。在这没有打扰的20分钟里，他可以回复比白天多得多的邮件。在回复邮件的过程中，他一贯遵循四条原则：

（1）先回答有关学校和师生安全的问题；

（2）只用两三句话做简洁答复；

（3）不用邮件回复任何有可能泄露个人信息或保密信息的问题；

（4）如果面谈比邮件的效果更好，就先不回复。

清晨6：15

梅斯开车离开了家。行驶过程中，他在考虑学校秘书刚刚打来的电话：五年级教师琼今天突然请假，学校要为她找代课教师，而恰巧学校里常用的几个代课教师今天都不能来。梅斯想起了已经跟着琼老师实习了两个月的师范生格琳小姐。他认为，在教师助理的帮助下，格琳小姐应该可以成为一名合格的代课教师。梅斯决定到学校后，和格琳小姐谈谈这个计划，并在第一节课前和她一起预习一下琼老师留下的教案。

到了学校，梅斯浏览了一下今天的日程表：

❖ 听两个老师的课。

❖ 参加一个评课会议。

❖ 参加放学后的全体教师会议，讨论州里新颁布的教师职责
和教学评估策略。

❖ 和年级组长们讨论教师辅导和下一年的财政预算。

❖ 出席二年级的表演会。

❖ 到体育馆检查明天四年级学生科技作品展览会的准备工作。

❖ 和一个家长会面（学生查理有阅读障碍症，家长不满意为
他设计的特殊教育计划，要求见校长）。

❖ 参加全校范围的危机演习，以应对地震或强行进入学校的
暴徒的袭击。

❖ 参加五年级新选举出来的学生委员会会议。新学生会主席
昨天告诉他，他们正在筹备一次募捐活动，给最近受飓风
灾害的地区筹集善款。梅斯答应学生会主席，他会力
争到会，以表达对他们计划的支持。他也会观看他们组织
的课后"特长表演"（观众的票钱作为募捐款）和校园内其
他募捐活动。

❖ 晚上学区会议，作为主讲人，他要向学区教育董事会汇报
去年春季学生参加州级标准考试的情况，以及学校由此修
改的愿景计划。

❖ 如果时间允许，到餐厅帮帮忙，课间时到操场上走走，放
学后送学生上校车，借此，可以与校车司机及学生们见见

面，聊聊天。

● 早上7：20

梅斯找到了格琳小姐，告诉她今天琼老师会缺席，她要成为代课教师。格琳小姐听到这个消息，看起来有些紧张，但梅斯鼓励她说，以前三次听她的课时，她的表现都很令人满意，格琳小姐这才放松下来，笑了。梅斯又补充道，会有教师助理在旁边（教室里一定要有持有教师资格证的人在场。实习生还没有此证，但教师助理一定有），而且今天代课是有报酬的。梅斯还轻声补充道，如果今天的课进行得顺利，他会在格琳小姐实习结束时为她写封求职推荐信，赞扬她在学校急需时勇于给予特别的帮助。

● 上午8：15

第一节课开始后五分钟，秘书鲍妮女士告急，电脑软件出现了病毒，今天不能用电脑记录学生的出勤率了，而软件公司的技术人员要明天才能来。梅斯无奈地摇摇头。他给全体教师发了一则短信通知此事，并使用校内广播告知教师们今天需要手写记录学生的出勤情况，并提醒大家记住分别在午餐前和放学前把学生出勤记录送交秘书鲍妮（美国公立学校的一部分经费是按照学生每天的出勤人数计算的）。这件事又提醒了梅斯，这家负责记录出勤率的软件公司的服务一向不及时，他下午要给学区打个电话，向电教主任提议换个软件公司或起码让现在的公司知道学校对他们的服务不满意，他们需要改进。梅斯叹息道："没有一天不出现意外的。"

这时，清洁工葛瑞先生已经在一旁等了几分钟了，他十分恼怒地告诉校长，在两个厕所的墙上又出现了涂鸦。梅斯跟着葛瑞先生到了厕所，看了看墙上的字和画，又是散布欺凌语言的涂鸦，这是一周内第二次出现了。用手机拍照后，梅斯请葛瑞先生立即把它们擦掉。梅斯始终认为学校里应该整洁无污。他对学校的漂亮花园和校园内的学生作品展览都感到骄傲，因为优美的校园环境可以增添师生们对学校的自豪感，所以胡乱涂鸦是绝不能容忍的。

在梅斯返回办公室的途中，三年级的布莱克老师说希望今天能和校长谈点儿她个人的事情。梅斯拿出口袋里的袖珍日程簿，在计划到操场见学生的时间之后一栏里，写上了和布莱克老师的会面。同时，梅斯希望一天中还有其他时间可以到学生中间走走。当他走在楼道里时，遇到了三个学生，他们拿着准备参赛的科技展品请他做评价。梅斯夸奖了学生们几个月以来的努力，又询问了他们的近况。学生们离开后，他拿出日程簿，记下要给所有参与科技展品创作的学生的家长写封短信，代表学校对孩子们的努力和作品致谢，同时表达他作为一名校长，十分高兴能和孩子们一起分享成功的喜悦。梅斯随手捡起几个扔在角落的空饮料罐儿，丢进废物回收箱。

回到办公室，梅斯在电脑里找到了前天他和怀特老师的讨论记录。怀特女士是位资深教师，这次听课的重点是她根据州新标准使用教学科技手段的尝试，怀特老师在她的数学课上采用了

"翻转教学"。她准备了一系列关于新课内容的视频，在新课教授的前一天，她要求学生们在家观看一段和第二天新课内容相关的视频。在今天的课堂上，学生将根据对新内容的理解，解题并讲出自己的解题策略。

● 上午9：10

　　梅斯拿上笔记本电脑，走向怀特老师的教室。她已经开始上课了。梅斯轻轻走进教室，朝怀特老师笑了笑，并向几个对他微笑的学生招了招手，然后找到一个空座位坐下。他小声地问旁边的几个学生他们正在做什么。学生说他们三人组成一个合作小组，正在讨论一题三解的方法。在听课前的讨论会上，怀特老师请梅斯根据教师评估标准，特别观察她的三个教学行为：①指令是否清晰；②学生的参与是否有质量；③向学生提问的质量。梅斯一直关注着怀特老师，倾听她和学生的谈话。梅斯看到了怀特老师在引导学生克服困难时非常耐心，并且提出了具有挑战性的问题，鼓励学生进一步探讨。怀特老师偶尔转向梅斯，暗示某些学生的表现，让他了解学生间的差异。

　　离开教室之前，梅斯悄声向怀特老师表示他对这节课的赞赏，并问是否可以允许他向全体学生说几句话。怀特老师欣然点头。梅斯向学生们讲，大家的表现让他印象深刻，他看到同学们不怕挑战，勇于解难题，又互相尊重。他还强调，学生们有耐心，互相帮助，这些品质都值得表扬。最后，梅斯幽默地对全体学生说，下次他规划学校预算时会请同学们来帮忙。离开教室后，梅斯在他的日程簿里记下，要邀请怀特老师帮助两位教学有困难的新教师。

梅斯已经和怀特老师约好，明天召开评课会，会议就安排在怀特老师授课的教室里，那时学生们正在上体育课。明天清早，梅斯会把他今天的听课记录放到怀特老师的信箱里，让她事先了解自己对这节课的反馈。

当梅斯回到办公室时，五年级的两个男生和一个女生坐在他办公室外的椅子上。秘书把梅斯请到一旁，递给他一张纸条，是一位教师写的。从学生们的谈笑中，这位教师找到了在厕所墙上涂鸦的学生。梅斯决定和他们三个人单独谈话。他严肃地告诉每一个学生要讲实话，然后提醒他们，学校的一条重要道德标准是学生要以学校为荣。三个学生各自承认了错误，他们涂鸦是为了羞辱一名同学。通过进一步询问，学生承认他们还利用短信传播对这名同学的恶意言词。梅斯让学生交出手机，并告诉他们校长秘书正在联系他们的家长，明早会请他们的家长到校开会。

梅斯十分明确地要求三个学生必须向被攻击的同学写一封道歉信，明早交到校长办公室；也要向清洁工写份检讨书，并且按照学校规定，这周每天放学后，他们要花两个小时帮助清洁工打扫卫生。梅斯又补充道，虽然他对他们今天的这种行为十分生气，但学生的一次表现不会影响到他对他们个人的整体印象。"这是一个十分严重的错误，但只能有这一次，"他最后强调，"你们要保证今后不再犯此类错误。"

学生们离开了，梅斯刚刚坐下，电话铃就响了起来，是学区的紧急通知，取消原定的危机演习，因为有三个学校没有收到演习的准确时间。梅斯对此改变并不介意，因为学校里预先知道这次演习的只有校长、清洁工和两位教师。这样也好，梅斯可以腾出时间到学生中走走，看看教学情况。梅斯请秘书鲍妮去通知清洁工和那两位教师，下午的危机演习取消了。

● **上午11：00**

梅斯利用午餐前属于自己的30分钟，详细审读了今天将在教工会议上的发言稿和晚上学区会上的讲稿。

他来到学校餐厅。去年改造的多功能餐厅比以前的像样多了，学生们坐在里边，很有在餐馆就餐的感觉。学校现在主要雇用教师助理来协助管理午餐时的纪律，以此分担全职教师们的午餐巡视责任，他们现在只需要每隔八周执勤一周。这样大多数教师可以在午餐时间安静地休息30分钟。梅斯争取每天午餐时到餐厅转转。他把这段时间看作和学生们接触的有利时机，看看学生们对学校的感受如何，学生间的关系怎么样，哪些学生不合群或看起来不愉快。梅斯喜欢利用这段时间和新生聊聊天，把他们介绍给老生，帮助他们减少陌生感，让他们尽快融入学校。可能的话，梅斯也会和教师助理或教师聊聊，了解哪些学生需要特别关照。

餐厅就餐付费现在采用电子刷卡方式。这个方式使享受联邦救济（免费就餐或减免就餐）的学生在付费时，不会再感到不好意思了。学校定期把午餐补助打入接受救济的学生的午餐卡里，这样每个学生都同样刷卡付餐费。对于一些来自穷困家庭的学生，学校的营养午餐就是他们一天中最好的一顿饭。梅斯对联邦政府的这一济贫救学项目十分赞赏。

午餐结束，学生们按班级列队，在教师助理的护送下，返回教室。

● 中午12：30

梅斯返回办公室，拿出他昨天的听课记录，准备和塔福特老师评议他昨天的语文课。塔福特老师是一位深受大家敬重的教师，他相信对学生的高要求会鼓励学生力争更好的学习效果。昨天的语文课讲的是莎士比亚的缩写剧本《凯撒大帝》。课文是专门为小学生改写的。塔福特老师让学生分别扮演剧中的角色，帮助他们进入剧情，理解原著，同时适时地引导学生走进历史，思考角色当时的心境。40分钟结束时，学生们已经可以把全剧串起来了。塔福特老师是个不断进取的教师。在听课前的讨论会上，他请校长集中观察他教学中的五个方面：①教材是否有吸引力，学生们是否都专心学习；②为了加深学生的理解，教师是否使用了可以使学生联想到现实生活的例子；③教学环节间是否衔接顺畅，教学法是否恰当；④请校长特别注意他给学生的反馈是否体现了他对学生问题的正确理解，他的回答是否准确回应了学生的问题；⑤学生的交流和谈话是否反映出对《凯撒大帝》一剧主题的理解：嫉妒、背叛和野心。

梅斯刚刚浏览完昨天在塔福特老师课上写下的听课笔记，塔

福特老师就敲门进来了。梅斯从办公椅上站起来，请塔福特老师
和他一起坐在办公室左边的一张小圆桌旁。梅斯有意缩短校长和
教师间的距离，创设平等交谈的气氛。在与优秀教师谈话时，梅
斯特别注意和尊重他们的自我评估，会请他们主动解析自己的教
学。所以简单地交换了对塔福特老师的课的五个方面的好评后，
梅斯请塔福特老师谈谈自己对这节课的看法。塔福特老师对学生
们的积极参与感觉不错，认为节点间的衔接挺顺畅，学生们对教
材的掌握到位，但他观察到男生比女生的热情高。他决定在以后
的几节课里，有意多叫女生回答问题。学生们对于剧情的理解还
是很准确的，这从学生们举出的一些与主题相关的现实生活中的
例子中可以看出来。这节课采用建构主义教学理念，鼓励学生根
据自己的经历来深刻理解原著，塔福特老师认为自己达到了教学
目的。

　　塔福特老师深入反思后，梅斯接着指出，学生们的小组活动
被安排得很好，他们利用那段时间互相探讨、讲解，有助于加深
理解。梅斯还提出几个问题供塔福特老师思考：除了女生的参与
度，课堂上还出现了哪些没有计划到的事情？在倾听学生的提问
或回答时，你即刻采用了哪些没计划到的教学方法？这些方法如
何推进了之后的教学？

　　最后，梅斯校长问塔福特老师还有什么想要讨论的问题，以
及下一步的教研计划。塔福特老师答道，他还不确定教研计划，
但是想为有兴趣的教师们办个解析莎士比亚作品的工作坊。梅斯
认为这是个很好的计划。梅斯正在考虑抽出一天时间作为教师进

修日，让教师们交流成功教学的经验，塔福特老师的计划可以列为其中的一个项目。讨论结束前，梅斯称赞塔福特老师有能力、有奉献精神，是一位有特色的教师，是学校的骄傲。

🕐 中午12：55

塔福特老师离开后，梅斯看了一下手表，距离和那位特殊教育学生的家长的会面还有几分钟。梅斯决定到楼道里走走，看看张贴在楼道墙上的展品，再到一个班里停留一会儿。每当梅斯巡视楼道时，都会十分用心留意，他知道大家都很在意校长的所到之处。他尽量走遍学校的每个角落，关心每一个教职工和每一个学生。他满意地看着墙上的展品，听到大多数教室里传出学生们的讨论声。

他有些不安地走进一个十分安静的教室。这是一位老教师，今年刚转来，她的前任校长在推荐信里给予她很高的评价。梅斯走进教室，看到学生们都在安静地做作业，教师正坐在课桌旁批改学生上堂课的作业。当校长走近学生，要看他们的作业时，教师站起来，骄傲地说："这是不是太棒了？学生们能这么安静，这么守纪律。"梅斯没做表示，继续在教室里绕了几圈，观察学生的表现，然后走到教师跟前，轻声说他喜欢看看学生们，就转身离开了。在回办公室的路上，梅斯暗自决定以后要多到这个班来转转。虽然教师们偶尔会在课堂上批改课后未能批改完的作业，但是梅斯必须确定这只是偶然的，而不是经常性的。他不希望教师认为学生们安安静静地"忙着"做作业是很好的课堂表现。梅斯愿意看到的是学生们积极地参与有意义的教学活动。

梅斯返回办公室前，走进教工休息室，给自己倒了杯咖啡。三个教师向他打招呼，感谢他上周转给他们的最新有关STEM教学研究的文章，文章中建议当学生做小组项目时，可以多给他们一些选择。梅斯还注意到一位老教师正在和一位一年前来的教师交流教学想法。走出教工休息室，梅斯不禁回想起三年前，当他初来这所学校时的情景。那时，在这个房间里，教工们坐在一起，吃午饭，喝咖啡，抱怨学生不努力，领导不支持。现在教师们相信学生，认识到教师的责任是帮助学生学习、思考、不断提高。学校的使命和愿景规划张贴在教工休息室的墙上。新建的教学图书角里摆放着各种教学杂志。教工休息室内光线柔和，各种设施美观且舒适，舒服的环境吸引教工们到这里休息和聊天。教工休息室是教师委员会成员们自己设计的，教师们对这个场所的归属感就是学校愿景成真的例子。教工休息室正在成为一个专业学习的集合地点。

走进办公室，梅斯看到查理的父母已经到了。查理的父亲看起来有些不耐烦，不停地看手表，而查理的母亲显得有些紧张。梅斯和两位家长握手后，问他们是否要杯咖啡。查理的父亲显然没有想到校长会主动提供咖啡。两人接过杯子后，都十分感谢校长（而不是秘书）亲自为他们倒咖啡。坐下后，父母双双谈到对儿子查理以前所在的两所学校都不满意，并且担心现在的学校正在重复以前两所学校的错误。

梅斯感谢家长坦诚道出对学校工作的忧虑，为查理有这样关爱他的父母感到高兴。接着梅斯讲道，午餐期间，他已经观察过查理几次了，查理看起来挺高兴，正在和同学们熟悉起来，并试着和他们交朋友。梅斯两周前也与查理交流过，告诉查理学校欢迎他。母亲对此感到又吃惊又高兴，但她说查理回家后总爱哭诉，说大家不喜欢他。父亲打断母亲的话，说他更关心的是查理的阅读能力，而不是他和别的孩子如何相处，并说，开学初他已经和负责特殊教育的老师及查理的班主任谈过查理的阅读障碍症，但是到目前为止没有看到查理的阅读能力取得进步。

梅斯再次感谢家长的直率，并问家长在第一次与各位教师接触后，是否又有过后续交流。查理父亲说，他喜欢"自上而下"的管理方式，所以先见校长。梅斯说，他随时欢迎家长的到来，但是在查理的问题上，如果先和教师们接触，了解到查理的学习状况，再和他会面会更有意义。梅斯请查理家长给他几天时间，容他和教师们谈谈，然后他会亲自安排家长与教师们的会面。梅斯还请查理的父母和教师们开完会后给他打个电话，让他了解他们对这次会议是否满意。这时秘书鲍妮敲门进来，她提醒校长，他听课的时间马上到了。谢过鲍妮后，梅斯问查理的父母是否还有其他的问题要谈。查理的母亲临走前，再次表示她为查理开始和同学们交朋友这件事感到高兴，然后斜眼看了丈夫一眼。握手告别后，梅斯记下了几条要和查理的老师们交换的意见。

🕐 下午1∶30

梅斯赶着去听罗伯特老师的课。他边走边浏览昨天在听课讨论会上罗伯特老师详细介绍的教案。罗伯特老师是位刚毕业的新教师。梅斯希望在开课前走进教室，观察罗伯特老师在一节课开始时，是如何激发学生的学习兴趣的，看他是否能在短时间内抓住学生的注意力。

梅斯相当看重一节课的前几分钟，因为有关大脑的研究证明，最先学的东西最容易被记住。另一个原因是在讨论会上罗伯特老师自述对自己教学导入环节不满意，希望校长提供一些提高学生学习动力的技巧。梅斯需要先观察他的教学实践，才能使自己的建议更有意义。另外，罗伯特老师请校长注意他的提问技巧，看他是否能鼓励学生大胆回答问题，是否能耐心地回答学生的提问，是否能引导学生深入思考。进了教室，梅斯走向罗伯特老师，告诉他自己很高兴来听课，然后走向教室后排已经安排好的座位。几个学生笑着看着梅斯，希望他看看他们的作业。坐下后，梅斯观察了每一个学生，他们看起来都很轻松自在。教室的东西两面墙上贴满了学生们的作业和美术作品，教室后面的布告栏里排列着全班学生的照片，一张张笑脸下面写着个人的爱好和最喜欢读的书。

罗伯特老师开始向学生提问："从以前的自然科学课上，你们还记得哪些有关微生物的知识？"他让学生们先和旁边的同学讨论一下，再举手回答。梅斯对这种提问技巧很欣赏，因为所有的学生都有机会参与回答。一个学生看了一眼梅斯，挤挤眼，然后问罗伯特老师，今天是否可以使用显微镜。罗伯特老师回答，是的，显微镜会发给大家，但是对于要观察的微生物，要先了解它们的特性。罗伯特老师带着学生们讨论了几个重要的微生物特性后，用提问法带领学生复习了使用仪器的规定和显微镜的操作程序，最后每两个学生得到一台显微镜。此时，梅斯开始记录并写下评语，他要在课后评议会上指出，在课堂上（而不是在实验室里）使用显微镜是他听课以来的第一次，而且，罗伯特老师合理地安排了顺序：先让学生们摆弄几分钟以熟悉仪器，给学生时间调整对显微镜的好奇心，然后再展开专业教学内容。这样学生们就可以心力集中地学习新知识。这说明罗伯特老师把心理学知识运用于教学实际，能考虑学情，是按照学生的心理特点安排活动的。

当罗伯特老师正准备把要观察的微生物幻灯片发给学生时，危机警报响遍了全校！梅斯马上猜想到是秘书忘了通知清洁工取消危机警报演习。一塌糊涂！显然罗伯特老师也不高兴，这打扰了他精心设计的教学活动，而且他一定还搞不懂为什么校长会在安排了危机演习的时间里来听他的课。然而，梅斯没有时间解释，他简单地告诉罗伯特老师课上得很好，明天早上他会按照计划把他的听课记录放到罗伯特老师的信箱里，至少在课后评议会上他们可以讨论罗伯特老师的课堂表现。

梅斯疾步走出教室，在楼道里看见了面色通红、一脸歉意的鲍妮女士，鲍妮把危机演习手册递给校长，一再道歉，是她忘了让清洁工取消警报。梅斯只能耸耸肩，让大家各就各位进行演练。十几分钟的演习进行得很顺利，没有什么大问题，只是体育老师所在班级的动作慢些，因为学生们在跳舞，音乐声太大，警报响了几分钟，他们才听到。演习刚结束，梅斯就马上给学区督学打电话，要汇报刚刚发生的事情。督学正在开会，学区秘书说她会及时向督学报告。虽然有点不好意思，梅斯还是请学区秘书告诉督学，演习是成功的，只有一点小问题。

梅斯回到了办公室，女教师布莱克正等着他。她客气地拒绝了梅斯提供的咖啡后，坐下来说，她得了抑郁症，医生建议她休息一段时间。她说有些家事她不愿透露，但是感到压力很大，更雪上加霜的是，在这个时候三年级教学组又不支持她的工作。她正在寻医用药。梅斯接过话头，表示对这件事十分吃惊，他根本不知道布莱克老师的病情，也没有看出她有任何抑郁症的症状，他向布莱克老师表示道歉，没能及时提供必要的精神支持。梅斯强调："即使在这种情况下，你还在教学，还和学生们在一起，这种把学生放在第一位的行为是高尚的。"他问布莱克老师是否可以给他几天时间让他找到一位能胜任工作的长期代课教师，并祝愿布莱克老师尽早恢复健康，返回教学岗位。听完梅斯的话，布莱克老师含着眼泪离开了办公室。

独自坐在办公室里，梅斯确实有几分震撼，他责怪自己：没能及时发现布莱克老师心理上和生理上正在遭受的病痛。梅斯一直自信有能力了解别人的情绪，但是这次为什么如此突然？他需要了解三年级教学组到底发生了什么事。布莱克老师是位广受学生喜爱的教师，她在这个时候为什么没能得到同事的支持？许多问题等待着解答，但不是当下，梅斯马上要去参加学校的预算会议。

● 下午2：15

预算会议是梅斯召集几个学科组代表召开的。虽然布莱克老师的事还使他有些分心，但是他知道现在需要把注意力集中在会议的主题上。庆幸的是，各学科代表都完成了"作业"，他们都在本组开了会，按照学校的使命和愿景提出了本组的预算想法，并且注意到了学区对STEM教学的重视。提案中的具体要求与校级和学区级的大方向相符。只有两项不太合理：第一，历史地理组要求增添新课本，但是去年他们刚刚收到了一笔大额度资金，用来补充、调整新课程所需的资源；第二，教职工对电脑更新的速度太过着急，可以理解大家担心学校设备赶不上科技的更新速度，但是梅斯提醒大家，"教学法决定科技需要"。他请教师们再审查一遍对新科技设备的需求，学生的需要是设备更新的动力，而不要以第一时间获取最新科技设备为目标。总的来讲，教师们的要求都是以学生的需要为起点的，梅斯还是高兴的。他对大家说，更新科技设备的修改稿提出后，他再上报学区财政主任。

另外，梅斯告诉大家，学区拨下了一笔专款，明年会派两位资深教师进校作为导师，常年为教师提供现场培训，主要培训关于阅读法和科技融于教学方面的内容。两位导师会上演示课，也会听教师们的课。他们会给采用新教学法的教师反馈，但是这种听课反馈不是对教师教学的评估，而是为了提升教师的日常教学水平。

会议结束，梅斯看看手表，二年级的表演会已经开始了。他轻轻地走进大教室，看到二年级学生的家长们正满脸笑容、全神贯注地观看表演。几个学生忘了台词，但因为是二年级的孩子嘛，家长们还是高兴地鼓掌。表演结束，掌声平息后，梅斯上台发言，他感谢老师们的辛勤工作，并邀请老师们到台前，请大家向他们致谢。家长们都起立鼓掌，向老师们祝贺。

离放学只有15分钟了，但是梅斯还是决定去体育馆看看明天的科技作品展览会的准备情况，并顺路在五年级的学生委员会会议上停一下。走进体育馆，他看到几个四年级学生正在铺摆他们的展品——一个太阳系模型。梅斯走近正在指导学生们的古德老师，感谢她组织这项全校活动。古德老师爽快地笑道，她只希望明天不会出现什么大差错，并向梅斯挤挤眼，表示明天的惊喜是一名航天中心的宇航员将会出席，这将使学生们欣喜若狂。梅斯感谢古德老师的提醒。他要记得为航天中心来的客人准备礼品：一件学校的运动服，一个印有学校口号的瓷杯。

● 下午3：05

放学前10分钟，梅斯赶到了五年级学生委员会会议，昨天学生会主席已经告诉他今天会议的内容。他知道即使有教师辅导员在场，学生们仍会为自己主持会议而感到自豪，所以他这时出现在会议上正合适。会议结束前，梅斯简短地表示，他对会议的召开很满意，学生会主席已经告诉了他会议的内容，大家的想法十分有创意，募捐的想法也特别好。他支持他们的计划——以"特长表演"筹资。他愿意，但不肯定他自己是否有什么特长可以表演。在学生们的笑声中梅斯离开了会议现场。

梅斯快速巡视了一下之前被涂鸦的男生厕所，看了一下刷干净的墙。放学铃声响了，梅斯疾步赶往校车停车场。他要看着学生们上车，并逐一向他们说"再见"。当清洁工葛瑞先生在停车场找到梅斯时，又是满脸的不高兴。他说，在另一层楼的男厕所里，又出现了新的涂鸦。梅斯说，他会去看看，并请葛瑞先生在明天清早前擦掉。一位校车司机停下车来和梅斯打招呼。梅斯请他注意观察查理在校车上的表现。司机马上回答，查理是个好孩子，对大家都很友善，学生们要是都像查理就好了。梅斯掏出日程簿，记下要给查理的父母打个电话，转告他们校车司机对查理的表扬。

梅斯走进男厕所，把墙上的涂鸦拍了照，然后返回办公室。梅斯快速浏览了一下笔记，全体教师会议马上就要开始了。今天的内容是有关州里对教师责任制的新定义以及相应的教学评估。此项政策，学区才讨论不久，就确定在新学年试用，还要以它为标准来评估教师。许多教师对它并不熟悉，学校管理层对它也只是刚刚了解，现在这是个挺棘手的问题。州里的新标准包括教案、教学方法、课堂管理、课堂气氛和职业行为等大大小小70个要考虑的要素。校长们在学区会议上纷纷汇报了教师们的焦虑，督学也十分理解。所以学区决定，在新政策执行的第一年对教师的评估只需集中在教师自己挑选的两个方面。

教师会议进展得十分顺利，这是梅斯没有意料到的。几个老教师还提议要和校长坐下来，讨论如何对新、老教师分别进行有差异的评估。梅斯十分支持这个想法，于是建议分别成立新、老教师专业小组，先拿出具体方案，再进行讨论。会议结束时，梅斯觉得先前的忧虑大幅减轻，心里舒坦多了。

● 下午4：00

梅斯告诉秘书鲍妮他要去学区参加学区数学新标准会议，他谢谢鲍妮让他又愉快地度过了一天，并安慰她不要为危机演习的事烦心："如果明天学区真的有危机演习，那么咱们学校会是准备得最好的一个！"

来到学区数学新标准会议会场，州教育办公室的一位发言人刚好开始她的演讲，梅斯拿出笔记本记录。这位数学专家指出，本州的数学标准高于其他许多州，这反映了州的愿景，五年后，本州学生在数学能力上要能和其他国家的学生比肩。数学专家指出新标准大力强调STEM目标，关注学生解决问题的能力和运用科技的能力。新标准中的重点是"高强"标准，教学中不只是覆盖所有的数学概念，学生对知识的深入掌握重于对知识概念的肤浅理解。"高强"标准指的是具有知识迁移技能，这种技能是形成数学能力的主体框架的技能，是实际工作需要的技能。新标准还强调学校教学要和STEM相关职业的实践衔接，这将有助于学生掌握运用知识和技能。最后，学区督学要求每个学校要分年级制订具体的子标准，以逐步达到州里期望的"高强"标准。

专家演讲后，在座的教师们进行了一项头脑风暴活动，题目是：如果比你低一年级的数学老师问你，你希望我所教的学生掌握哪些技能会对你明年的教学有帮助，你会怎样回答？数学老师

们分组讨论了20分钟后，州官员请各小组分享讨论结果，并做好
记录。州官员表示他们将会在各个学区都采用这种会议形式，使
各学区的标准和州标准保持一致。

下午5：30

会议结束，梅斯开车返回学校。今天还没有来得及询问格
琳小姐的上课情况。梅斯猜想，完成一天的教学后，格琳小姐一
定十分疲劳，但晚上他会给她打个电话，询问白天的情况。刚下
车，梅斯看到邻近中学的操场跑道上有个人在跑步，仔细一看竟
是格琳小姐！梅斯感叹道，她真是精力充沛！梅斯走近格琳小
姐，谢谢她今天能代课。格琳小姐放慢脚步，笑答："白天进行
得很顺利。"几句话后，格琳小姐又提速跑起来。

回到办公室，梅斯先检查收件箱里是否还有需要当天处理的
邮件。他在几个表上签了字，然后给塔福特老师写了封短信，表
示对他的课后自我评议的高度赞扬。梅斯打开日志，浏览了一下
明天的会议，列出了要做的事：明天的大事是科技作品展览会和
航天中心宇航员的来访。秘书鲍妮已经把礼物准备好了。梅斯检
查了一下，觉得没有问题。他上网找到了宇航员的简历，写下了
几句对宇航员的欢迎致辞，又写了几句对全体教师、学生和家长
赞扬的话。明天，他将有一个听课讨论会、两个课后评议会，以
及两个家长会（一位家长对孩子的期望值高，希望学校能给孩子
提供跨年级的课程；和在厕所墙上涂鸦的学生的家长会谈）。梅
斯还列出几件明天要简要处理的事：询问布莱克老师的情况，向

学区申请长期代课老师；问候清洁工，表扬他今天的工作；找机会看看查理在课堂上的表现，并安排有关教师和查理家长的会面；给制作科技展品学生的家长写感谢信；教工会上对参与科技作品展览会的教师给予感谢和表彰。

梅斯离开办公室，朝停车场走去，看到格琳小姐还在跑步。回家的路上，他在想自己也需要恢复锻炼了，或是参加健身俱乐部，或是邀几个朋友每周定期一起锻炼。

● 晚6：20

到家后，梅斯告诉太太今晚学区有会，他匆匆询问了一下两个孩子在学校的情况，并告诉他们明晚他一定在家和全家共进晚餐。梅斯把速食蔬菜汤放进微波炉里加热，为自己准备晚餐。今晚，他要向学区董事会汇报林肯小学的学生在州数学和英语考试中的成绩及学校对成绩的分析。

梅斯有意提早几分钟到达了会场，复习了一下讲稿。现在美国各州公立学校的成绩报告把学生分成性别（男女）组，种族组（白人组、亚裔组、土著印第安人组、黑人组、墨西哥裔组），残障学生组和母语非英语组（指新移民到美国的学生）。林肯小学的报告显示出性别组和种族组学生的数学和英语成绩都取得了可喜的进步，但是残障学生组和母语非英语组学生的考试成绩并不令人满意，他们虽然比上一年有进步，但低于全校的平均进步幅度。梅斯向教育董事会重申不达到所有的学生都有进步的目标，他是不会放弃的，林肯小学的教师们也不会。汇报完成绩后，梅斯可以看出学区董事会对学校的进步是满意的。

　　汇报结束前，梅斯讲了一个学生的故事。这个学生在一年内取得的进步要大于其他学生，但是由于起点低，这个学生还没能达到州里的及格标准。梅斯强调，这个故事要说明的是，州级标准考试结果并不能完全反映学生的进步，也不能反映教师为学生进步所做出的努力，因此，这次考试结果绝不应成为对学生和教师评估的唯一标准。不少人在点头，梅斯感觉到在座的大多数人对他所讲的故事及其意义的首肯。如同以往，梅斯以谢词结束他的汇报，感谢家长们和学区支持林肯小学，能为学生、学校和教师服务他感到自豪。

　　之后，督学讲话，再次强调了州标准和州统考的目的，并呈现了新版的学区使命和愿景声明。他首先感谢董事会、家长委员会、教职工们对新版使命宣言的建议，然后提醒各校根据使命宣言制定学校使命，用愿景详述学校未来五年的规划。同时他告诉大家明天学区的网页上就会出现学区使命和愿景声明。

● 晚8：30

　　秋风长夜已降临。在回家的路上，梅斯回顾一天，总的来讲挺不错。明天又会是一个新的开始，他知道明天还会有意想不到的事情发生。但让他感到欣慰的是今天一天的决定都源于学生和教师的需要。他只是希望明天不再出现像今天下午危机演习那样的事件！

☖ **阅读思考**

1.1 下表所列的校长一天的活动中，哪些属于领导性工作（L—leadership），哪些属于管理性工作（M—management），哪些属于领导和管理兼顾的工作（L&M）？请在它的对应项画"√"。

表1.1 校长工作分类[①]

校长工作	L	M	L&M
1. 在去学校的路上，想好今天要做的事情。			
2. 到校后，回复邮件并列出一天中需要完成的事情。			
3. 巡视校园，检查学校的清洁卫生状况。			
4. 在学校门口和学生、家长及校车司机说声"早上好"。			
5. 发现情绪不佳的学生，对他们说几句鼓励的话。			
6. 巡视学校餐厅，和学生以及餐厅职工聊聊天。			
7. 走进教室，询问学生他们在学什么。			
8. 返回办公室，签署必要的文件，和秘书会面，确定一天的工作日程和需要知晓的事件。			

[①] 我们用这句英语来解释"领导者"和"管理者"的区别："Leaders do right things while managers do things right."（领导者正确决策，管理者正确执行。）即领导者是政策制定者，管理者是政策执行者。校长应该是领导者，还是管理者？请关注这套书的第三册，其主题就是校长对学校的领导和管理。

续表

校长工作	L	M	L&M
9. 课间时巡视楼道，和教职工、学生交谈。			
10. 了解母语非英语的新生的情况。			
11. 分别给校董事会主席、当地报社记者、家长和学区考试委员会主任回电话。			
12. 分别和各教职工组长开会，商榷全校日程表。			
13. 给发行课本的出版社打电话，确保课本按时送达。			
14. 和篮球教练开会，商讨周五的球赛。			
15. 听课。			
16. 和昨天的执教老师召开课后评议会。			
17. 审查学校的安全计划，确保不出安全问题。			
18. 参加家长委员会会议。			
19. 和学生会成员计划本学期的全校性活动。			
20. 召开课程委员会会议，商讨新的科学课教材。			
21. 和"合作的专业学习共同体①"领导小组开会，商讨下一步的计划。			

　　1.2　如果属于领导性工作，校长的任务是什么？

　　1.3　如果属于领导性工作，这项工作可以由学校其他人来做吗？如果可以，应该是哪个岗位上的人？你会选择具有哪种品质

―――――――――

① 第三章有详细介绍。

的人来做？

1.4 如果属于管理性工作，这项工作可以由学校其他人来做吗？如果可以，你会选择具有什么素质的人来做？

2. 你认为梅斯是个优秀的教学领导者，还是一个优秀的管理者？

3.1 评估一下梅斯一天的时间安排，主要分为四个部分：①管理（文件处理、财政事务、政务、时间掌控等）；②课程、教学和教师督导；③接触学生；④接触家长和社区。

3.2 用梅斯一天中的二三事，来说明他是个高效的校长。针对不够高效的部分，你认为他该怎样做？

4. 梅斯的哪些活动是在强化一个合作的专业学习共同体的建立？

5. 你对梅斯的哪些做法和想法认同，哪些不认同？对不认同的部分，你会怎样做？

第二章

使命和愿景

本章中心

| 使命和愿景的定义 | 使命和愿景的范例 | 使命和愿景的必要性 | 制定使命和愿景的活动 |

"没有明确的目标，你就不知道收获了什么。"

约翰·马克斯韦尔（John Maxwell，2008）

使命和愿景应该是学校所有工作的指南。当学校思考引进新的想法和新的实践时，使命和愿景就是罗盘，用以指导决策的方向。使命和愿景为学生的今天和未来服务，为他们搭建从学校成功进入社会的桥梁，培养他们对自己的未来职业承担责任，成为对家庭和社会有用的人才。学校的使命对教职工和家长同样重要，因为使命和愿景的实现依靠各方的认同和支持。所以，与学校相关的每个人都应该参与学校使命和愿景的制定。尤其在一个合作的专业学习共同体中，人人都应是使命和愿景的决策者，大家都视之为己任，精诚贯彻，共同分担责任并分享成功的喜悦，打造一个团结和谐的学习大集体。

使命和愿景让大家与办学目标紧紧地"绑"在一起。它们会排斥那些华而不实的想法，它们应成为学校成功征途上的扶梯。

学校里的每一个人都应该知道自己学校的使命和愿景。因此，使命和愿景的表述应该张贴在学校最显眼的地方，如校门口、教室、办公室以及学校的网页上，而不是藏在校长的文件柜里。

一个学校在制定使命和愿景时，要从寻找以下问题的答案开始：

我们的学校为什么存在？

我们学校的办学目的是什么？

什么是我们的核心价值观？

我们希望学生成为什么样的人？

我们学校的特点是什么？

我们的追求是什么？ 教职工的热情来自哪里？

如何激励学生的学习热情？

我们希望学生二十年后能够回忆起他们在学校时的哪些事情？

我们如何对待学生？

我们教给了学生什么？

我们的课程是否在为学生的未来职业生涯做准备？

当学生回忆起师生关系时，他们都谈论哪些事？

我们鼓励学生之间建立什么样的关系？

我们在关注学生的社交和情感需要吗？

我们对每个学生都有高期望值吗？

当学生十分沮丧时，教师是如何帮助他的？

我们的教育使学生在哪些方面变得更好？

在参观者到校走访时，在下面的情境中你希望他看到或听到什么：

当学生和老师谈话时，＿＿＿＿＿＿＿＿＿＿＿＿＿＿

当学生之间交流时，＿＿＿＿＿＿＿＿＿＿＿＿＿＿＿

当教师之间交流时，＿＿＿＿＿＿＿＿＿＿＿＿＿＿＿

当校长和教师交流时，＿＿＿＿＿＿＿＿＿＿＿＿＿＿

当校长和学生交流时，＿＿＿＿＿＿＿＿＿＿＿＿＿＿

当校长和家长交流时，＿＿＿＿＿＿＿＿＿＿＿＿＿＿

请大家不要被这一堆问题吓跑了。本书中，你会多次读到我们的观点：教育不像完成一个任务那样简单，一所学校的使命和愿景不是通过一朝一夕的努力就可以达到的，学校的变化也不是一夜之后就可以看到的。思考和回答上述问题将有助于你深刻了解学校所追求的教育目标和实践的内涵，也会让你对自己学校的方向和实践有更清晰的了解，还能更加明确学校所推崇的价值观。

使命和愿景的定义

"你有什么？你要什么？你放弃什么？"这是中国著名企业家马云对使命的简洁定义。这个定义同样适用于对学校使命的思考。

 动起来：填表

表2.1　学校的使命

马云的使命定义	对办学的寓意	你自己学校的相关使命
你有什么？	你们学校在做什么？	
你要什么？	你们学校要做什么？	
你放弃什么？	你们学校可以放弃什么？	

理查德·杜福尔（Richard DuFour）是创建专业学习共同体方面的专家。在他和罗伯特·埃克（Robert Eaker）的合著《行动中的专业学习共同体：增进学生学业成就的最佳实践》（*Professional learning communities at work: best practices for enhancing student achievement*，1998）中，他们把学校的使命定义为一个学校的"最终教育目的"，它回答一个学校的生存问题：我们的学校为什么存在？它不仅解答了学校今后在哪些方面可以超越，也解释了为什么学校现在如此行事。杜福尔等人又

指出，愿景勾勒出一个学校未来的画面，为这个学校的发展提供方向。这个画面必须是全校教职工共创的结果，如有偏离这个画面的情况出现，某些重要的目标就有可能被遗漏；如有教师以自己的喜恶教授学生，年级或学科的教学总目标就有可能无法完成。

另外，杜福尔等人还强调明晰的教学目标是实现使命和愿景的基础。这些目标确定学校任务的主次、先后，同时也能检验学生的学业成果。杜福尔等人（DuFour et al., 1998）[100]把目标定义为"可测量的节点，用来测定达到愿景的进程。愿景激励不停息的责任感，而目标促进责任感的建立"。

斯蒂芬妮·赫什（Stephanie Hirsh）是教师培训和课程研究的专家，她（1995/1996）认为使命"是学校愿景如何实现的精炼概括。它指导着学校每天的运转。学校使命回答这些问题：什么是我们最关心的？什么是我们必须完成的？什么是学校运转的主要动力？"。她（1995/1996）给学校愿景的定义是"在未来的某个特定的时间内对学校状况的描述。它采用描述性文字或语言，甚至用图画表现出在这个时间段人们希望在学校里看到、听到和经历到的。它涉及设备、课程、教学、评估、教职工和整个社区"。总之，愿景描绘未来学校的具体景象，是行动中的使命。

虽然专家们对使命和愿景的定义不尽相同，但实际上都是以学校的办学为中心的。它们的制定可以促进教职工同目标同志向，同心同德，同舟共济。当学生们不能取得令人满意的进步时，重温使命和愿景有助于大家审视过去被忽略或遗忘了的地方，拨正方向，继续前进。

使命和愿景的范例

使命陈述要清晰，突出重点，提纲挈领，使人一目了然，过目不忘。

愿景描述要言之有物，既不追求高大上，又不降低标准；一定要突出特点，彰显创新，反映办学风格和学校的价值观。

愿景是将使命转变为可视化行动，也就是对使命框架的合理细化填充，让使命更加丰满。

下面是几所中小学校在使命或愿景方面的范例。

● 新加坡美国学校

哈维·阿尔维于20世纪90年代末在新加坡美国学校担任校长，当时他带领教职工和学生制定了如下的使命：

为每一个学生提供高质量的美国式教育，激励学生的学习热情，激发知识的活力，培养学生的各种能力，使其有信心、有勇气，敢于追逐个人梦想，为世界做贡献。

几年前，这条使命被缩短为一句话："让每一个学生接受最优质的具有国际视野的美国式教育。"这句话包含三个要点：①优质教育；②国际视野；③秉持美国教育理念。

● 旧金山中小学联合学区

旧金山中小学联合学区是美国最大的学区之一，它发布的2016—2019年决策报告，将学区的使命和愿景描述如下：

使命：每时每刻我们都平等对待每名学生，为他们提供在21世纪能够取得成功的高质量教育。

这个使命言简意赅，包含三个维度：①师生关系；②突出对学生个体差异的承认和尊重；③提供当代社会最需要的优质教育。

依照上面的使命，旧金山中小学联合学区的愿景如下：每一个旧金山中小学联合学区的中小学生都会找到自己的发光点，增强自我存在感，树立正确的人生目标。所有学生都将高中毕业，无论他们是升入大学还是进入工作岗位，都将具备毕业生应有的技能、能力和道德。[①]

● 伊利诺伊州绍姆堡学区

有些学区或学校还把具体教学目标公之于众。对于目标的定义，杜福尔和埃克认为目标不仅要和使命、愿景相辅相成，更要详细具体，便于检测。由此，检验时间表和反映学生进步的可测量的实例，都应该包括在目标的说明中。下面是伊利诺伊州绍姆堡学区关于目标的三个例子：

目标1：在本学区就学的学生，三年后要达到所在年级要求的阅读水平。

目标2：在英语和数学州级标准考试中，各校学生间的成绩差

---

① 旧金山中小学联合学区规定的毕业生必备要求：学科知识、创造性、职业技能、生活技能、领导能力、共情心、协作能力、自我存在感、人生目的、国际视野、本土身份（local identity）、数字身份（digital identity）。

距应逐年缩小。

目标3：至少90%的学生必须在英语和数学州级标准考试中达标。（DuFour et al.，2008）[168]

杜福尔等人指出，上面三个目标的突出之处是它们紧紧围绕学区的愿景，即学生的学习质量，并提出了可检测学习进步的测量指标。

上面三个目标中，两个和标准考试有关，这是不是说美国中小学教育也是受考试驱动的？不可否认，它们在很大程度上反映了美国中小学当前面临的压力。所以，学校的使命、愿景或目标一定不可脱离所处的时代背景，更不可照搬其他学校的语言或概念。

美国教育是分权制。这个制度给予各州公立学校极大的办学自由，各校可以使用不同的教材，采用不同的教法和评估方式。然而，由此带来的问题是同年级孩子在不同学校的学习内容有差别，平时教学评估的标准也有差别，以致有些学校学生的学习成果经不起标准考试的检测，导致学生在州级或全美大学入学标准考试中成绩不理想，毕业后不能顺利进入大学或胜任未来的工作。为了缩小这种差距，美国联邦教育部在2001年颁布的《不让一个孩子掉队法案》（*No Child Left Behind Act*）中规定各州必须统一评估公立中小学生的学习成果，所有的学生必须参加英语和数学州级标准考试，以保证每个学生具有必备的知识基础和技能，同时这也是对学校教学效果的检验。绍姆堡学区提出的这几个目标反映的就是这种现实，但这些并不是美国所有学校的教育目标，也不能用来代表美国其他州的学校。

● 纽约斯蒂文森中学

美国纽约市的斯蒂文森中学（Stuyvesant High School），对于许多了解美国学校的人来说，一定不陌生。它的学情和绍姆堡学区大相径庭。在人口众多的纽约市区，许多家长盼望孩子能就读于这所精英中学，它是美国少有的选拔优秀学生的公立学校。入学的孩子们都学有动力、心怀理想。这所学校的使命是："优质教育是斯蒂文森中学一个世纪以来的品牌。我们学校的使命是继承和弘扬这一传统，为进入斯蒂文森中学的学生创造环境，使他们能够在其中大展身手，各显其才。斯蒂文森中学一贯以科学、数学和技术教育为根本。学校的成功源于此，还将继续以此为各教学项目的基石。学校的目标是向学生传授知识，培养学生的道德品质和让学生树立正确的价值观，以便每个学生力尽其才，学业优异，成为一名有爱心的世界公民。"

我们可以看到，尽管斯蒂文森中学也是一所公立学校，但它的使命和旧金山中小学联合学区有着巨大的差别！它的使命十分强调价值观的培育以及人才特色和潜能的挖掘。

● 西雅图湖滨学校

位于西雅图市郊的湖滨学校（Lakeside School）是微软公司创始人比尔·盖茨（Bill Gates）的母校。这是一所五到十二年级的私立学校，它代表美国的另一类中小学。这所学校把使命和愿景列在了一起："开发资优学子的创造性思维，强健其体魄，提升其道德，使其将自己的智慧、热情和领导力奉献于国际社会。学校提供优质的多样化课程，学生在教师的引导下自主学习。我们致力于保持学校的特色，使拥有不同文化背景和经历的学生具有团队精神，能够互相学习，并乐于终身学习。"

西雅图湖滨学校制定的使命和愿景体现了其价值观。这个宣言的第一句话可以看作学校的使命，后两句可以作为愿景。愿景阐明什么样的课程和学校文化可以造就具有强烈使命感的学生。

总之，从以上的例子中，我们可以感受到一所学校使命的生命力及其与学情间的紧密联系，以此保证使命的指引性，并彰显该学校的特色。

中国也有不少学校确定了明晰弘远的使命。下面以北京的两所学校为例进行说明。

● 北京市海淀区中关村第三小学

这是坐落在北京市海淀区的一所大名鼎鼎的公立小学，是许多孩子和家长都梦寐以求的学校。它把教育使命和社会责任融于一体。"我们认为，学校教育的历史使命和社会责任应该是：教育孩子，团结人们，引领社会。学校是帮助孩子面对过去、现在和未来，进行知识、能力和品德建构的学习场所。学校也是帮助大家遵守共同规则，实现共处、共融、共进的实践场所。我们教育的学生，要在城市、乡村、民族地区，以及世界上任何一个地方都是受欢迎、有能力、有担当的人。"

使命声明中的12个重点字始终贯彻在学校的发展纲要中："教育孩子，团结人们，引领社会。"相关的解析透彻贴切，培养孩子的全面发展，不仅仅在校园内，不仅仅是通过传统的德智体教育，更要放眼于培养学生拥有21世纪世界公民的素质和视野。

● 北京十一学校

这是一所享誉北京内外的中学，一直走在教育改革的前列，是实施"选课走班"的先锋。学校的行动纲领文件中写有明确的使命："创造适合学生发展的教育，将'十一学生'塑造成一个值得信任的卓越的品牌，把十一学校建设成为一所受人尊敬的伟大的学校。十一学生应该志存高远、诚信笃行、思想活跃、言行规范，成为志远意诚、思方行圆的杰出人才。"这个声明既包括建校的目标，也包括对学生的期待。

通过以上几所学校的使命，我们可以看到，无论中国还是美国的学校，它们的办学纲领共性大于差异，都是为优质生和有理想的孩子提供广阔的发展空间。由于美国基础教育暴露出众所周知的弊病，即大面积忽视了弱势群体孩子的教育质量，因此以旧金山学区为代表，大多数公立学校在使命中强调教育的公平和公正，强调无论学生有着怎样的认知起点或家庭出身，经过13年的中小学教育，都要获得可以进入大学或胜任工作岗位的必要能力、技能和社会道德。

由于各地文化和体制对教育的不同影响和要求，各学校制定的使命和愿景一定要校本化，这样才能既实用又具有指导性。

使命和愿景的必要性

● 以美国总统林肯为榜样，用使命领导学校

亚伯拉罕·林肯是美国历史上一位伟大的总统。他历经重重艰难，最终领导美国人民推翻了奴隶制，实现了南北方的统一。林肯总统在领导美国内战时，为了最高理想的实现，脚踏实地地将使命和愿景融入每一次重大决策中。

林 肯 总 统

历史背景：

1861年美国内战爆发，反对奴隶制的北方各州向拥有奴隶制的南方州发起了进攻。南方一些州宣布独立，并选出了自己的总统，成立了"美国南部联邦"。作为美国总统的林肯，绝不接受国家的分裂。林肯的核心信念是"人人生而平等"。"如果奴隶制不是错误的话，没有任何事情是错的。我无时无刻不是这样认为的。"对于林肯来说，核心价值和信念重于泰山。推翻奴隶制和国家统一的使命激励着他带领人民，经历艰苦卓绝的战争，走向了胜利。

现代历史学家们分析了林肯赢得内战的原因，他们认为不仅仅是因为北方拥有强大的军事力量和先进的工业水平，还有林肯的卓越领导才干，包括他对国家统一的使命绝不动摇的坚守。

1863年7月，美国内战中最重要的战争在宾夕法尼亚州的葛底斯堡爆发了。经过三天激战，虽然双方人员都损失惨重，但是北方取得了决定性的胜利。同年11月，林肯受邀参加葛底斯堡烈士墓落成典礼，并发表了简短的演讲，以纪念战争中阵亡的将士。这个演讲被称为"葛底斯堡演讲"，虽然林肯只讲了三分钟，但是它流传至今，被认为是美国史上最著名的演讲之一。许多人认为它是表述国家使命和愿景的优秀篇章。

葛底斯堡演讲：

八十七年前，我们的先辈在这个大陆上创建了一个崭新的国家。这个国家以自由为理想，奉行"人人生而平等"的原则。

我们卷入了一场伟大的内战，它考验着这个国家，考验着任何一个孕育于自由和奉行上述原则的国家是否能够长治久安。今天我们在这场战争的一个伟大的战场上集会。烈士们为使这个国家能够生存下去而献出了自己的生命，我们来到这里，是要把这个战场的一小方热土奉献给他们，作为最后的安息之地。我们这样做是完全应该的。

但是，从更深一层的意义上说，我们是无法奉献或圣化这块土地的。那些曾在这里战斗过的勇士们，活着的或去世的，已经使这块土地变得如此圣洁，我等的微薄之力不足以对它有所影响了。我们今天在这里所说的话，世人不大会注意，也不会长久地记住，但是勇士们在这里所做过的事，人们将永志不忘。现在我们这些还活着的人，要奉献于勇士们未竟之事业，继续向前。面对摆在面前的使命，我们责无旁贷。我们在这里下定最大的决心，不让这些先烈的鲜血白流；我们要使国家得到自由的新生，要使这个民有、民治、民享的政府永世长存。

1863年11月19日

亚伯拉罕·林肯

在林肯的演讲中，他描述了国家的使命和愿景。使命是捍卫国家的统一和促进人人平等，重建国家意识；愿景是结束奴隶制，国家"得到自由的新生"，建立"民有、民治、民享的政府"。

弗雷德里克·道格拉斯（Frederick Douglass）是美国19世纪末黑人民权运动领袖。他生下来就沦为奴隶，后来才获得了自由。他曾三次在白宫被林肯接见。1865年林肯被暗杀后，道格拉斯在一次纪念林肯的活动中讲道，美国黑人"看待林肯不是看他个人的行为，而是他的使命"。道格拉斯的话一语中的，美国黑人信任林肯。虽然林肯的决定并不总是有益于他们，甚至有时还要牺牲他们的个人利益，但是他们相信林肯的长期目标。

道格拉斯的讲话向学校领导者们传达了一条重要信息：虽然有时候校长的决定和作为会让一些教师失望，但只要他们认同学校的使命和愿景，便会一如既往地支持和信任校长，并为此努力。

林肯的演讲对校长的启发：

1. 在自己的学校中，为了学生和教师的进步，还有什么有待解决的问题？

2. 在自己的学校中，每个学生都可以得到平等的学习和成长机会吗？

3. 如果还没有做到每个人都可获得平等的对待，你会如何做来促进公平呢？

• 马云的"撤离"

阿里巴巴网络技术有限公司（简称阿里巴巴）创始人马云，造就了电商的传奇，成为中国人人皆知的创业英雄。而他却宣布，在2019年9月10日，公司成立20周年时辞去集团董事局主席一职。在领导阿里巴巴取得如此辉煌成就后，他决定从公司管理层"撤离"，令不少人担心阿里巴巴未来的命运。但马云却说："今天的阿里巴巴最了不起的不是它的业务、规模和已经取得的成绩，最了不起的是我们已经变成一家真正由使命愿景驱动的企业。我们创建的新型合伙人机制，我们独特的文化和良将如潮的人才梯队，为公司传承打下坚实的制度基础。"马云在这里点明了使命和文化对公司建设的重要性。马云的智慧在于他不把公司的未来系于自己一身，而是将公司的命运托付于大家共同追求的使命和合作机制！

● **使命和愿景的重要性**

马云和阿里巴巴的发展经验让我们反思使命和愿景对一所中小学校发展的作用。为了把学校建成一所合作的专业学习共同体，我们可以用许多理由来说明使命和愿景的重要性，这里特别提出三项。

1. 问责制

纽约第105届市长埃德·科克（Ed Koch）在任期间经常巡走全市，并询问市民："你过得还好吗？"这是个亲民的好问题！然而我们怎么知道他不是在作秀而是在做他应该做的事情呢？回顾一下这位市长的竞选目标，我们就好下结论了。他的竞选目标有降低犯罪率，谨慎地做预算决策，及时清扫积雪以保障交通畅通，有效管理地铁运输，及时清理垃圾以维持城市卫生。科克在任时，做到了上述事情，完成了他的承诺。纽约市民认为他是个好市长，大多数市民都拥戴他。由此我们可以说，虽然人们对好领导的定义众说纷纭，但是大家的共识就是好领导能够说到做到，成功完成所提出的目标。

吉姆·柯林斯（Jim Collins）是美国著名的管理学专家，曾获斯坦福大学商学院杰出教学奖，并先后任职于麦肯锡公司和惠普公司。柯林斯（Collins, 2005）描述的杰出领导"首先是对事业、对改革、对使命、对工作充满雄心壮志的人，而不是为了个人名利。他们有坚定的意志，敢于实现他们的理想"。如同林肯，优秀的领导都会紧紧追随使命，忠诚于事业，是问责制的忠实执行者。

本章开头，我们引用了约翰·马克斯韦尔的话，"没有明确的目标，你就不知道收获了什么"。学校的使命明确了学校的奋斗目标，目标的实现就是对学校工作最负责的总结和汇报。

2. 保持道德底线

比尔·乔治（Bill George）是一位组织领导领域的优秀人士。他（George，2007）说过："我们要认识到，在我们探寻通向目的地的征途中，非常容易偏离轨道。向往成功、畏惧失败、期待奖励等压力都会使我们背离自己的价值观。"这句话高度概括了人们在改革中的心态，它提醒我们无论是在鲜花掌声中，还是在狂风暴雨中，要坚守住使命和愿景都不是一件轻而易举的事。尤其是当学生学习成绩达不到目标时，当学校出现较严重的纪律管理问题时，我们很容易就会使用便捷的方法去解决燃眉之急。然而，今天便捷省时的处理方法很可能为明天更严重的问题埋下伏笔。所以，校长必须牢记学校使命的核心价值，谨慎行事。

尤其当危机发生时，学校领导层应该知道如何应对，并且最重要的是绝不能做超出道德底线的事。美国南部的亚特兰大学区曾发生过一件丑闻：为了让学生成绩达标，个别学校领导和教师篡改学生的考试分数。虽然涉案的督学、校长和教师已经被判服刑，但是该事件对当地学区的师生和教学的负面影响却始终挥之不去。这一实例告诫我们，在面对巨大压力时，人们有时会辱没使命，无视职业道德，不顾一切地追求眼前的功利。

3. 合理使用资源

使命和愿景就像磁铁一样，可以用来协调学校的人力、物力、财力，并帮助人们合理有效地将各种资源投入预定的项目，以赢得最大的成功。

坚守使命

阿尔维这十几年来一直在华盛顿州切尼学区主持学校领导研讨会，参加研讨会的人员包括督学、校长和学校的其他管理人员。为了让学区领导们跟上时代的步伐，阿尔维经常为参与研讨会的学员挑选最新出版的书籍和最新发表的文章，供他们阅读。一次，阿尔维读了一本十分激励人心的书，他立即向督学推荐此书。督学仔细听完阿尔维的介绍后，疑惑地问："这本书和咱们学区的使命、愿景或当前的改革措施有什么关联呢？"阿尔维立即意识到自己的喜好使他忘记了学区的努力方向。虽然他已经连续好几年在为学区提供指导，但仍然有忽略使命或愿景的时刻。幸好督学坚守使命，并及时提醒了他。

这则故事充分证明百忙之中人们极易忽略使命，偏离现阶段的工作中心。无论是有意还是无意为之，如果偏差得不到及时的矫正，就有可能冲击学校的使命或愿景。在一个不团结的学校中，财政、教学、评估和教师业务发展互不相关，各自为政，这样不仅互相消耗斗志，还会造成有限资源的浪费，不能集中资源攻克难关。而在一个使命驱动的学校里，各方都能以使命为基点，决策时互相兼顾。例如，一个学校为了实施创新教学法，引进信息资源，用平板电脑取代传统的课本。为了保证新设备的最大使用效益，一方面，校领导和教师们共同制定使用新设备的规定，保证其符合学校的使命和愿景；另一方面，学校为教师们提供适当的培训，让每位教师能在短时间内熟练地使用这些新设备。

更新使命和愿景

使命和愿景既是稳定的也是动态的。它们为学校指明了一个确定的前进方向，在执行过程中，它们又是可强化和修改的。每个学期，每个学年，校长一定要带领教职工反思使命和愿景对学校工作的指导功能，并根据需要进行调整修改。

按周期，每隔两三年，学区和学校都应该检查、反思使命和愿景的有效性，看它们是否落后于形势了，是否还能有效满足学生的需要。在反思使命和愿景时，经常考虑的问题参见表2.2。你可以对照这四大问题，用"是（√）"或"不是（×）"来检查你们学校的工作现状，由此决定学校的使命和愿景是否需要更新。

表2.2　反思使命和愿景的有效性

问题	是 （√）	不是 （×）
1. 我们的课程是否满足了正在改变的劳动力市场对人才的需求？（包括毕业率、大学录取率、就业单位的满意度等）		

续表

问题	是 （√）	不是 （×）
2. 面对社会的改变和社交媒体的压力，我们的教学是否满足了学生的社交和情感需要？		
3. 我们在培养学生成为有责任感的社会成员吗？		
4. 随着社区人口教育背景的变化，我们需要改变教学策略吗？		

这些问题的答案可以反映学校的使命是否与时俱进，学校的工作是否追随着使命。在此，以三种情景为例，说明如何以学生的未来职业、当今的数字信息革命以及21世纪对人才的需要为基准，使学校的使命和愿景永葆活力。

● 情景1：以培养全面发展的公民为使命

在今天的学校里，学校的使命一定要和社会需求相一致，兼容对优秀传统的继承和对未来前景的憧憬。为了实现这些目标，学校应以"培养全面发展的人"为使命，而绝不是培训考试高手，更不是筛选少数精英。一方面，学校应该培育学生的自信心、责任感和个人特质，同时要注重培养学生的团队精神、创造性、批判性思维和领导力。另外一个重要的方面是学校应培养学生具有心怀天下、为社会服务的精神，以及对所在地的自然生态环境的尊重和保护。

如何用简洁明快的语言把这项使命写进学校的使命中呢？

答：＿＿＿＿＿＿＿＿＿＿＿＿＿＿＿＿＿＿＿＿＿＿＿＿＿＿＿

● 情景2：将科技引进教学，使之成为使命和愿景的一部分

达科尔等人（Daccord et al., 2015）讲过，成功执行科技进校的学校都在其使命和愿景中增加了明确的关于教学法改革的目标。因此，学校的使命中一定要有科技促进教学的部分。愿景中包括用最现代化的教学手段提高教学质量的表述，以此唤起教职工与时俱进的学习意愿和持之以恒努力的动力。

使用现代科技绝不仅仅是把平板电脑搬进教室代替课本而已。在21世纪的教室里，信息技术将学生和世界连接起来，和周围的社区连接起来，和拥有共同兴趣的人连接起来。教师要把这些连接和知识学习结合起来，帮助学生多维度理解所学内容和社会实际的关系，增强其分析和判断能力。

你们的学校如何把这个任务融入使命和愿景中呢？

答：＿＿＿＿＿＿＿＿＿＿＿＿＿＿＿＿＿＿＿＿＿＿＿＿＿＿＿

● 情景3：以培养4C为使命

全美教育协会（National Education Association, NEA）邀请专家总结出21世纪学生所需的能力，并出版了《为国际社会培养21世纪的学生：4C教育手册 》（*Preparing 21st century students for a global society: an educator's guide to the four Cs*）。4C 包括批判性思维和解决问题能力（critical thinking and problem solving），交流能力（communication），合作能力（collaboration），创造和创新能力（creativity and innovation）。

C1（批判性思维和解决问题能力）：具有理性思考、系统性思考（分析和概括）能力，以及判断力、决断力和解决问题能力。

C2（交流能力）：在多元文化的环境里，能有效运用口头和书面表达能力，具有倾听力和运用媒体的能力。

C3（合作能力）：在多元文化的团队中，能够和所有人合作，并尊重每一个团队成员。

C4（创造和创新能力）：善于进行头脑风暴，支持和丰富新想法，尊重不同想法，和他人共同创新，坦然接受失败，支持改革呈现的结果。

南希·沃尔泽（Nancy Walser）是一位有影响力的美国教育政策作家，她（Walser，2008）撰文重申，在当今迅速变化的科技时代，"教育工作者们必须提倡和帮助学生获取 21 世纪胜任力，包括批判性思维、解决问题能力、合作能力、口头表达和写作交流能力、创造力、自我导向力、领导力、适应性、责任感和国际视野"。将培养 21 世纪技能融入学校使命正在成为美国许多学校的现实。4C 的培养不是学校使命的可选项，而是必选项。

你们的学校是如何把4C写进使命中的？

❖ 如果你的学校是小学，你希望使命中是包含4C的全部项，还是重点挑选其中某些能力？如果挑选，保留哪些，暂时放弃哪些？

答：＿＿＿＿＿＿＿＿＿＿＿＿＿＿＿＿＿＿＿＿＿＿

❖ 如果你的学校是初中，你希望使命中包含4C的全部项吗？为了便于学生理解，如何在使命中用简洁的语言表述4C？

答：＿＿＿＿＿＿＿＿＿＿＿＿＿＿＿＿＿＿＿＿＿＿

❖ 如果你的学校是高中，你的学校的使命是如何书写的？包含4C吗？如果没有，你认为该如何修改？

答：＿＿＿＿＿＿＿＿＿＿＿＿＿＿＿＿＿＿＿＿＿＿

警示

在讨论21世纪技能时，一些崇尚改革的教育工作者们忽略了知识基础的重要性，引起了一些争议。安德鲁·罗瑟拉姆（Andrew Rotherham）在克林顿总统时代做过美国政策特殊助理，也曾在几个州的教育委员会中工作过，他发起成立了一个非营利性组织，专门为低收入家庭孩子的教育奔走呼吁。罗瑟拉姆对有偏见的教育改革提出质疑：

"21世纪技能的争论者认为，以往学校过于注重知识内容而忽视了技能培养，如交流能力、批判性思维能力、解决问题能力或运用社交媒体的能力。然而遗憾的是，他们中的一些人竟然认为这些技能可以完全替代知识内容的学习。他们认为如此多的知识被创造出来，学生们应该重视如何获得知识，而不是知识本身。这种不黑即白，以能力的培养对抗知识的获取，而不是两者兼容的观点，不利于教育理念的进一步辨析。"

罗瑟拉姆的论点十分有深意。如果学生没有知识底蕴，就没有思考源泉，没有分辨力，就会很难做出正确的决定，也鲜能在遇到困难时，做到是非分明，决策坚定。在美国中小学教育改革中，多次出现理念的争议，它们都陷入极端对立的思维陷阱中：知识还是技能？以老师为中心的教学还是以学生为中心的教学？演讲式教学还是小组式学习？柯林斯等人（Collins et al.，2002）推出了一本畅销书——《基业长青：企业永续经营的准则》（*Built to last: successful habits of visionary companies*）。作者提醒大家在思考"是或者不是"的时候，最好先想想"是和不是"，学会思考和采纳对立面中的有利因素。

其实，大多数优秀教师都是"折中"派实践家，他们既采用演讲法又为学生提供小组合作学习的机会；他们既向学生传授知识又为学生提供发现知识的机会。所以，为了把21世纪胜任力融入学校使命和愿景，学校的使命和愿景中绝不可抛弃对知识的学习。

坚持使命，无惧改革

使命和愿景的制定或更新都会给学校带来变化，如修改课程，购买新设备或是引进新的学科项目或教学策略。实践的变化会对教职工的理念产生冲击，考验大家是否有决心坚守使命和愿景。为了坚定改革的信心和改变的决心，有四个议题值得大家重视。

● 议题1：耐心等待变化的出现

新使命会带来新想法和新实践。新想法刚出现时，大家往往都十分兴奋，跃跃欲试，但忘记了想法只是成功的开始。如同我们观看文艺表演，报幕员报告节目后，我们期待的是精彩的表演。我们都知道"台上一分钟，台下十年功"。在大多数情况下，一个想法或项目的策划可能不会用时太长，但从准备到执行是个艰辛的过程。在认知上，教职工们能够对变化的内容和全过程有足够的了解和接受是个很好的开端，同时大家也要对变化所需要的时间和不可预测的困难有充足的心理准备。变化的发生是个渐进过程，有时快，有时慢，有时停，有时甚至倒退。迈克尔·富兰（Michael Fullan）作为教育改革指导专家，同他的研究伙伴针对教育改革进行了大量的研究，他们（Fullan et al., 1996）告诫人们："改革常常被理想化了，人们认为它会水到渠成，进行得井井有条，然而它更需要的是对教学现实困难的敏感反应。"

以美国中小学数学改革为例。几年前，在不少人的赞扬声中，《共同核心州立标准》（*Common Core State Standards*）进入学校。新标准的制定者满心以为教师、家长、政治家们会伸出双手欢迎它。然而，最初的支持声过后，巨大的抗拒声浪滚滚而来，因为这些课程标准与州级标准考试相呼应，也就是说，学生对课程标准的掌握要用考试来检测。这就把教师、学生和家长的注意力引向了考试，由此造成的对考试的忧虑掩盖了新课程标准制定的初心。对新标准有质疑的人们，把州级标准考试的结果作为新标准执行效果的检测标志，而没有认识到新标准的原意是让所有的孩子都接受高质量的数学教育，考试只是对执行结果的检验方法之一。

在新标准执行的过程中，各方需目标明确，建立信任，共同承担风险，一起经历失败和成功。富兰（Fullan，2001）把尝试新措施后可能出现的初期效果下降现象描述为"执行跌落"（implementation dip），即采用新措施后，学生的学习成果有可能一时不升反降，因为教师们学习新方法后，要达到熟练使用还需要些时日，因此在短时间内，新方法的教学效果可能表现不出来。

我们可以用著名篮球运动员姚明学晃球以蒙蔽对方运动员为例。当姚明刚刚学习这种技能时，他的美国教练说，在他学习使用新技能的初期，他的成功率很有可能比以前低。

实验初始成功率低的另一个原因来自他人对改革的反对。改革的领头人有时会对反对者缺乏忍耐，经受不住他们不断的抱怨和批评。然而，我们必须学会尊重反对意见。许多对改革有异议的人往往是在校多年、有经验的教师，他们的批判眼光锐利，有时甚至是挑剔，他们用以前的实践经验和标准看待新事物。多听他们的声音有助于避免犯重复的错误。抵制改革永远是改革过程的一部分。所以，耐心和谦逊是所有学校领导应必备的素质，尤其是在新策略的执行前期！

学校领导们要对改革的艰巨性做好心理准备，允许短时间内的退步和失败，学会以退为进。不要期望校长的一番励志演讲就可以在一夜间让教师产生变化；有时在一两年时间内，要赢得全体教职工对改革的认同都不容易，何况是全面建立一种新风气和学校的新文化。校长要引导教师们关注和记录改革所带来的变化，哪怕是一些微小的变化，如学生的学习积极性提高了，学生在课堂上的发言次数增多了等。反之，则需要反思，是还需时日才能看到预期的变化，还是要对原计划进行修改呢？

● 议题 2：不要厚今薄古

在轰轰烈烈的改革浪潮到来时，我们一定要关注实践的持续性，并尊重传统教学法的生命力。实践的持续性是指一个新教学法需要时间来证明它的效率和生命力。传统教学法是指教育界长期使用并显示了效率的教学方法，例如讲解法，教师们的长期使用证明了它有一定的价值和生命力。当一个学校奋勇向前，追赶最新改革时，尤其是在陷入争当"改革先锋"的竞争中时，很容易一刀切地放弃以往所有的实践，这样，以前的成功就有可能不复存在。

改革并不意味着成功。新想法、新举动有可能并不完全满足所有学生的需要，因此"新"不等于成功。另外，一个学校的成功经验并不一定适用于另一个学校，一门课教学法的成功也不一定适用于另一门课，因为学生的状态和教师能力千差万别。

教育工作者们要"思前想后"地分析：我们过去有哪些实践是有益于学生并行之有效该保留的？以什么方式保留呢？慎重思考这两个问题是为了避免厚今薄古而造成对过去有效教学实践的否定。当我们规划改革，抛弃不为学生服务的实践和采纳有效的新方法时，以下的基本原则应该是不变的。

永葆对学生的关爱之心；

确保教学实践达到课程标准；

系统编排跨学科的课程；

设计完整的教案（包括教学目标、教学过程和评估方法）；

倾听学生反馈，及时调整教学；

收集评估大数据，以便教师用来改进教学，增强学生的学习效果。

● 议题3：改革的成功和教师能力的提高相辅相成

改革可以给学校带来可见的变化，但是最有持久价值的变化是"看不见"的学生学习动力和能力的提升。以英文写作六要求的贯彻为例。美国许多学校正在普遍使用的作文六要求：①真实表达自己的心声；②有独立的思想；③正确的文法格式；④完整的文章结构；⑤词语达意；⑥文章流畅。如果一位教师要求学生仅达到其中四项，能说这个教师没有努力贯彻写作要求吗？实践中一个教学进程会牵涉到许多相关的方面。当执行某项写作要求时，有些教师会根据学生的情况进行调整，如增加与个别学生的交流机会，扩展和学校其他教师的合作，甚至和其他学校的教师建立专业联系等，使这些写作要求更加符合自己学生的学习状态。在这个过程中，许多教师把自己变为一个孜孜不倦的学习者，如此下来，学校的教学氛围也得到了改善：教师们一起学习，相互帮助，使学校在不知不觉中变为一个合作的专业学习共同体。教师们对新策略的热情和依学情调整教学法的能力提升的同时，学生的写作能力也获得了很大提高。

● 议题4：没有优秀的领导，就不会有高质量的改革

富兰（Fullan，2007）说："当今，对校长的关键性作用如何强调都不为过。"由于校长处在一校之长的领导地位，他可以在各方面带领和推动学校的改革，例如：

宣讲改革过程，并用自己的行动表达对改革的信念；

安排和协调小组合作会议；

为教师进修项目拨款，增添所需教学资源；

及时分享最新的和重要的教研信息；

以身作则学习新事物，成为终身学习者；

时常提醒教职工，改革要和学校使命相一致；

以服务学生为目的，支持所有有益于学生学习的新、老教学法。

总之，校长的前瞻性、个人领导艺术和能力是强大的改革推动力，学校使命和愿景的实现离不开优秀校长的带领。

根据你所经历的改革和对改革的理解，你同意进行改革时要慎重思考以上四个议题吗？你认为还应该添加什么不同的议题？另外，我们列出的四个议题没有对重要性进行排序。如果你认为这些议题有轻重之分，你可以在议题前的空格里写上序号。这样可能有助你更好地规划工作。

☐ 议题1：耐心等待变化的出现
☐ 议题2：不要厚今薄古
☐ 议题3：改革的成功和教师能力的提高相辅相成
☐ 议题4：没有优秀的领导，就不会有高质量的改革
☐ 议题5：＿＿＿＿＿＿＿＿＿＿＿＿＿＿＿＿＿
☐ 议题6：＿＿＿＿＿＿＿＿＿＿＿＿＿＿＿＿＿

制定使命和愿景的活动

帕姆·罗宾斯（Pam Robbins）和哈维·阿尔维在2014年版《校长手册》（*The principal's companion*）一书中介绍了"制定使命"的活动。这项活动用来召集学校所有相关人员，包括学生、教师、管理人员、家长和学校所在社区代表共同制定学校的使命。这样共创的使命有助于全体人员建立获得感和责任

感，易于大家认同和执行。罗宾斯和阿尔维已经多次开展这项活动，都取得了很好的成效。校长可以根据需要，采纳这项活动，并依据本校实际情况，进行调整。

材料

　　海报纸　　胶带　　记号笔　　大张便利贴　　索引卡

（注：可以用平板电脑或电子白板替代上面的任何材料。）

步骤

1. 解释"使命"的定义

例如，"使命表明一个组织的目的和信念，传达这个组织代表什么，大家的信仰是什么和最终要实现的目标是什么。它激励大家的行动"。

2. 为使命建立理论基础

　　a. 使命的作用是什么？（例如，为了学生的成功，建立共享的目标，指明共同的方向，为大家提供动力，提高教职工业务能力。）

　　b. 学习和分析其他学校的使命，解析其中所表达的价值观。

　　c. 认识使命是如何影响教职工的个人态度和工作的。

3. 使命的制定

组织全体教职工一起参与制定使命，以便每个人的想法和愿望都可以融入其中。

　　a. 请大家回答：

　　·你希望把自己的孩子送到什么样的学校就读？

· 你希望学校应该如何对待你的孩子？

· 你希望你的孩子有什么样的学习经历？

· 你希望你的孩子对学校有什么感受？

· 你希望学校中师生如何交流？

请大家把答案写在便利贴上。

　b. 你期待什么样的工作环境。请大家回答：

· 你对现在的工作环境有什么感受？

· 你希望在什么样的环境中工作？用几个词描述这个环境。

· 你希望的工作环境会给你增添什么新的感受？

　c. 两人小组。两人交流关于以上问题的答案，然后把两人的答案综合起来写在另一张便利贴上。

　d. 六人小组。三个两人小组并为六人组。大家把三张便利贴上的内容综合起来，写在一张索引卡上。

　e. 再次并组。两个六人小组合并，分享各自写在索引卡上的内容。之后，综合大家的想法，总结出达成共识的答案，最后誊写在海报纸上。

　f. 再并组，分享海报内容，然后归纳出达成共识的使命。

如此进行这个程序，直到总结出全体人员达成共识的使命。

　　校长指导家长和学生代表也经历同样的步骤。他们的结论要和教职工的结合起来。在规模较大的学校中，这个过程可以从年级或学科组开始，再组成跨年级、跨学科的大组，最终制定出大家都认同的使命。

　　最后，全校可以举行使命口号展示活动，根据使命，各组提出创意口号，如"学生的成功都仰仗于大家的共同努力"。

　　使命只表达了希望，它必须有可以执行的行动来保证它的实现。接下来就需要制定愿景了。

　　有些学校会请专家指导制定学校的使命和愿景，为学校建立起长期发展规划。当阿尔维在新加坡美国学校做校长时，他们学校请斯蒂芬·巴龙（Stephen Barone）博士作为顾问，带领教职工们制定学校的使命、愿景和长期发展规划。斯蒂芬·巴龙博士是一位资深的策略计划顾问，帮助过许多学校和公司制定长期发展规划。这次在他的引导下，新加坡美国学校制定出了周密的发展规划，为今后几年的发展描绘了蓝图。斯蒂芬·巴龙博士指出，在讨论过程中，每一项提议都值得听取和考虑，大家的关注点要放在意见本身，而非提出意见的人身上，以最大限度减少个人的感受。他还做了个表演：他站到了会议室的中央，把一只手高高举起，手指尖捏着一支铅笔。他说："当一个人分享意见时，忘掉这个人，只记住他的意见，就像这支铅笔，我们只需记住铅笔写出的意见是什么。"这是一个生动的比喻，希望大家不要在意发言人本身，而全力集中在意见的分享和讨论上。

 动起来：制定使命和愿景

　　为了调动大家的积极性，照顾具有不同学习风格的参与者的需要，也为了使活动活泼有趣，我们设计了流程图（参看

图2.1）。大家可采用上述小组变大组的连环方法，也可使用这个流程图来完成制定使命和愿景的任务。

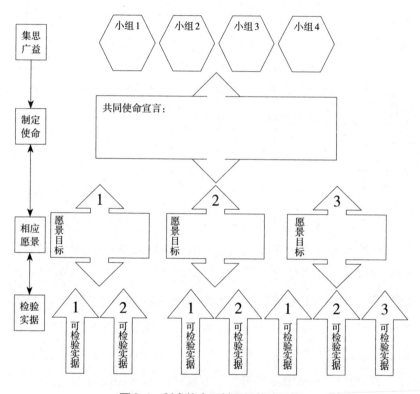

图2.1 制定使命及其愿景的流程图

（1）三到六个同事一组，共同商讨学校使命，然后汇集大家的建议。先从讨论开始：为什么成功的教育很重要？可以参考或使用这章开始时的问题，激发大家进行头脑风暴。如果小组成员之间对教育目的的分歧太大，可以分为两个组。

（2）根据上面的讨论内容，各小组写出学校使命。

（3）根据使命，制定愿景。描述教室里的教与学情景，教师的教学情况，学生的学习情况，师生的关系，校长的行动，校长与学生、教师、家长的交流，校园的布置等。

（4）讨论使命和愿景实现的依据。各小组根据自己的学科、年级、部门，细化和量化学生的学习成果和教职工为实现愿景所采取的行动，并确定反思的时间节点。

本章小结

改革的不可预测性有时会使我们怀疑努力的方向，新旧教育理念的博弈和实践中的困难又容易使我们顾此失彼，因此，我们用使命、愿景和目标为学校建设保驾护航。我们反对把21世纪技能和知识学习对立起来；反对在实践新教学法时，完全放弃有优势的传统教学法。一所学校的使命不能兼顾所有教学理念和实践，但是应该能反映学校的学情、优势和对学生未来的准备。

对教育发展有潜在危害的是现实主义和永恒主义之间对立的辩论——学校应该是培养学生成功走向工作岗位还是培养学生成为终身学习者，把这两个目标对立起来就会制造不必要的冲突。学校的使命应该永远以学生的全面发展为基础。

美国教育史学家，拉里·库班（Larry Cuban）把人们对教育的期望进行了今昔对比。他（Cuban，2013）说："以前家长和老师们担心的是教学过程，即学校的运作和老师的教学。当今他们担心的是教学成果，即教学效果的体现，如考试成绩、毕业率和大学录取率。"库班的对比反映了许多人对当前教育改革局面的忧虑。如果我们只用量化指标评判学生的成功，我们就会忽略教育的其他重要方面，如学生的德育发展和学生对学习的热爱。举个例子，如果一个学生的语文期末考试成绩得了100分，但是他说："我很高兴得了高分，但我讨厌语文。今后我再也不想拿起文学读物了！"这是谁造成的悲剧？学生所为？家长的施压所致？还是教育本身的悲剧？社会、政界，还有一些家长在给学校施加压力，要学校用大数据表现教育的成功，但是在我们的使命和愿景中，热爱学习一定是不可缺少的目标。

使命和愿景绝不能只停留在纸笔之间。举全校之力规划出的奋斗目标，必须以全校之力逐步实现。完成使命和实现愿景的最佳载体是一个成功的合作的专业学习共同体。

阅读思考

1. 考虑你所在学校的教学实践，包括成功的和不成功的。这些做法如何影响你对学校使命的评估？

2. 温习学校现在的使命和愿景，它们有哪些优点？全校各个部门的工作是否反映出了学校使命和愿景所期待的价值观？请举例说明。

3. 学校应该对哪些教学实践进行改革？这些改革会把学校推向更高水平吗？你的改革想法和学校的使命相匹配吗？请和同

事们分享你的想法。从大家的反馈中，你学到了什么？对自己的答案有修改吗？

4. 这一章的内容让你更确定了你以前的某些想法和做法吗？请举例。

5. 从这一章中，你学到了什么？

6. 对这一章的内容，你有什么问题吗？

第三章

建立合作的专业学习共同体（CPLC）

本章中心

| 合作的专业学习共同体的定义 | 美国中小学教育改革的启示 | 终身学习的召唤 | CPLC校长和教师的特征 | 创建CPLC的策略 |

学校的使命是学校的灵魂。把学校建成一个合作的专业学习共同体就是中小学校使命的灵魂。当前许多美国中小学校，从校长到教职工，正在广泛地讨论如何把本校转变为这样的共同体，并进行着积极的尝试。

合作的专业学习共同体的定义

什么是一个合作的专业学习共同体呢？如何把学校建成一个CPLC呢？CPLC具有什么特点呢？

请读者根据自己对CPLC的理解，从下面的选项里，勾画出可以代表你所理解的这个概念的选项，数量不限：

☐ 校长领导，教师跟从。

☐ 学校有明确的使命。

☐ 教师开展小组活动。

☐ 教师认真教，学生认真学。

☐ 教师和学生都是终身学习者。

☐ 教师间、师生间、学生间互相学习。

☐ 校长是建立这个共同体的主要力量。

☐ 教师尽全力管理好自己的课堂。

☐ 教师拥有并保持自己独立的教学理念。

请继续阅读，查看你的选项是否和我们对这个概念的讲述相符。

如同第二章中所述，理查德·杜福尔是把学校建成专业学习共同体概念的专家。作为校长的成功经历以及他对许多学校的指导经验使他坚信这一概念所具有的引领性和指导性。在他和罗伯特·埃克合著的经典著作《行动中的专业学习共同体：增进学生学业成就的最佳实践》一书中将"专业学习共同体"定义为："一个专业学习共同体是一个进行时的过程。在这一共同体中，教育工作者们同心协力持续探索和实践，以帮助学生取得最优异的学习成果。"

在美国诸多的教育文献中，Professional Learning Communities（PLC）一词频频被使用，几乎成为中小学校的代名词。在PLC的构建过程中，教职工之间、师生之间、家校之间紧密合作。在本书中，我们更愿意使用CPLC，以强调合作的重要性，并明确区分collaboration（合作）和cooperation（配合）的差别。合作包含配合，但它们并不是同义词。配合往往带有等级属性，下级配合上级，少数人配合多数人，无权者配合有权者，弱势者配合强势者，这些配合有利于固化现有的等级或等级观念，也容易压抑少数人的声音。

合作则冲破等级的藩篱，消除领导者和被领导者之间、学生和教师之间、家长和孩子之间人为建立起的隔阂。在一个CPLC中，人人平等，人人学习他人，也被他人学习；人人都尊重自己，尊重他人，也受到他人的尊重，每个人的特长和优点都得到承认，同时每个人又都是学习者。共同学习和提高的目标吸引着大家，把大家聚合为一个整体。21世纪的学校绝不是为考试分数拼搏的战场；不是教师为学生考高分而教，学生为得高分而学的场所；不是一些人被放弃，而另一些人在掌声中步步升高的竞技场。接受教育是公民的权利，也是社会的责任。由此，教书育人不仅仅是教师的职责，学生也要承担起反思和自主学习的责任。

CPLC的教育不是传统师生关系的180度大翻转，不是教师完全不教书，学生全部自学讨论；而是根据学情，无论教师还是学生，都要不断学习新知识，相互取长补短，共同反思进步。人人浸润在一种看不见也摸不着的具有推动力的学习氛围之中，它凝聚校园中的每一个人，使大家都感受到学习的必要，产生持续的学习动力。

为了营造这种学习共同体，校长既是领跑者也是推动者。他带领全校制定共同奋斗的使命和愿景，明确共同努力的方向，同

时挖掘、发动和壮大教职工群体的领导力。所以校园中CPLC的
建立不是只需要校长的辛苦和努力，也不是只依靠少数教职工的
努力，而是要仰仗全体教职工的共同努力。一个优秀的校长有能
力调动和协调整个学校的团队领导力。

由此，回答前面的问题：一个CPLC学校的特征有哪些呢？

表3.1 CPLC学校的特征

选项	是	不是
校长领导，教师跟从		√
学校有明确的使命	√	
教师开展小组活动	√（取决于活动目的）	
教师认真教，学生认真学		√（还是在强调传统教学关系）
教师和学生都是终身学习者	√	
教师间、师生间、学生间互相学习	√	
校长是建立这个共同体的主要力量		√
教师尽全力管理好自己的课堂		√（强调教师的个人角色）
教师拥有并保持自己独立的教学理念	√（共同体不压抑教师的个人观点）	

美国中小学教育改革的启示

为了深入了解合作的专业学习共同体概念的由来和演变，我们需要回顾一下美国中小学教育界近半个世纪的改革历程。这段历程，几起几落，消耗了大量的财力和人力，有失败也有成功。一路走来，其经验和教训展现了教育改革的诸多特性。我们希望这个简短的回顾可以对积极参与中国教育改革的同人们有所启迪。

美国中小学教育改革的前奏始于1957年，当时苏联先于美国发射了人造卫星。第二次世界大战后以超级大国自居的美国瞬间被惊醒。整个国家感受到了威胁，全社会都在问："为什么苏联的航天技术在几年内超越了美国？"在全社会反思之后，中小学基础教育被认定为替罪羊。说词是中小学教育质量低，不能培养出具有高水平的科技人才，拖了国家科技发展的后腿。那么如何提高中小学教育质量呢？

半个多世纪以来，美国中小学教育改革在追求优质教育的同时，也始终在为每一个孩子争取平等的受教育权利，这影响着教育改革的方方面面。教育公平和公正的思想越来越深入人心，整个社会也越发深度关切人人应该得到的受教育权，并且是人人应该接受高质量教育的权利。具有社会良知的人在问：高质量教育是否发生在每所学校？每个学龄儿童是否在接受高质量教育？历史上经常被忽视和被边缘化的孩子们，如贫困家庭的孩子、少数族裔孩子、残疾孩子、女孩子等，是否在政治上、社会地位上和教育权利上得到了与其他孩子同样的机会？

在继续阅读美国中小学教育改革历程之前，请大家先完成表3.2中的任务。

 请用"是"或"不是"来判断每种情景的关系。

表3.2　与学业成绩相关的因素

情景	是	不是
1. 家庭收入越高，孩子升入大学的可能性越高。		
2. 父母受教育程度越高，孩子升入大学的可能性越高。		
3. 优厚的学校资源有助于学生提高学业成绩。		
4. 学校经费多有助于学生提高学业成绩。		
5. 优秀的校长有助于学生提高学业成绩。		
6. 资质高的教师有助于学生提高学业成绩。		
由此，你可以得出什么结论？		

（请继续阅读，我们的答案在下文中）

美国中小学教育改革的历程大致可以分为三个阶段（Glickman et al., 2005）：

第一阶段：研究学生家庭背景与其学业成绩的相关性；

第二阶段：高效能学校特征的认同；

第三阶段：理论转化为行动——建立一个成功的CPLC。

第一阶段：研究学生家庭背景与其学业成绩的相关性

詹姆斯·科尔曼（James Coleman）应该被视为美国中小学教育改革的前期代表。作为一名教育社会学家，他的著名观点是"教育机会均等"（equal educational opportunity），即学龄儿童不仅仅能够有学可上，而且他们的学业成绩也应该达标。他认为的达标就是学生的学科考试成绩能及格。他带领教育研究工作者们在全美各地中小学校广泛收集学生的学科考试成绩，以学生的平均成绩为标尺，评估一个学校的质量。他们把学校师资水平的高低、学校经费的多寡、教学资源的优劣、学生家庭收入的差异、种族背景的不同及学校规模的大小作为自变量，学生成绩作为因变量，用数学统计方法分析收集到的数据，得出客观性结论。

这种用统计理论建立起来的数据分析得出了结论：唯一和学生的学业成绩形成相关性的自变量是学生的家庭经济收入，即家庭经济收入越高的学生，他们在校的学习成绩越好，进入大学的概率也相应较高，也就是说，来自中产阶级或更高阶层家庭的孩子的平均学业成绩总是高于家庭经济条件差的学生的成绩！

同时代的另一位教育家克里斯托弗·詹克斯（Christopher Jencks）从另一角度着手进行研究。他把确定学生成功的标尺定为学生毕业后的就业状况。他发现"龙生龙，凤生凤"是个十分明显的现象，即无论是有意还是无意择之，子女继承父母职业或类似职业出现了一脉相承的规律。因此，他的结论是美国的公立学校不但没有改变社会上现存的不平等现象，反而在固化现有的社会阶层。

　　查尔斯·西尔贝曼（Charles Silberman）是同时期的另一位研究者，他带领的研究队伍深入各个学校，蹲守在教育第一线，采用田野研究法，在学校和教室出入，采访校长、教职工和学生。他们得出的结论是公立学校的操作是盲人摸象，各行其是，对教育改革缺乏共识和目标。

　　以上这些研究项目各自从不同的角度出发，寻找中小学教育质量低的原因。虽然没有找到被多数人认同的答案，但发现了一个反映美国社会阶层和中小学生学业成绩之间的正相关性，表3.3是1998年《纽约时报》（New York Times）在教育版发布的一个统计报表。

表3.3　家庭收入和标准考试平均成绩

　　1997年，参加SAT（学术能力评估测试）考试的有1.1万名高中毕业生，占应届高中毕业生的42%，大学新生的95%。这项考试成绩可以比较准确地预估大学生一、二年级课程的成绩。

家庭年收入	SAT语言分	SAT数学分
少于1万	428	445
1万至2万	454	464
2万至3万	480	482
3万至4万	496	497
4万至5万	507	508
5万至6万	515	518
6万至7万	522	526
7万至8万	529	533
8万至10万	540	544
10万以上	559	571

注：当年SAT语言和数学各科总分是800分。

这个通过统计学建立起来的相关性，在以后二十多年的各类标准考试成绩的总结中，一直不变，屡试不爽。换句话说，虽然每个学龄儿童都有学可上，但是学业成绩的差距却很大。坐落在高房价学区的公立学校或收高学费的私立学校，比城市内贫困学区的学校办得出色，高收入家庭的学生比低收入家庭学生的考试成绩高，而且进入大学的概率也高。由这个自变量产生的差异告诉人们，美国的教育体制在为社会阶层固化服务！

回到表3.2中的六个问题：家庭收入越高，孩子升入大学的可能性越高吗？父母受教育程度越高，孩子升入大学的可能性越高吗？优厚的学校资源有助于学生提高学业成绩吗？学校经费多有助于学生提高学业成绩吗？优秀的校长有助于学生提高学业成绩吗？资质高的教师有助于学生提高学业成绩吗？六个问题的答案是一样的："是的。"父母受教育程度高，工资收入就会相应提高，住在高房价学区的可能性就高。由于美国公立学校的财政政策，在高房价学区的公立学校得到的经费要比低房价学区的高，学校各种资源也更加丰富，也更加容易吸引好教师。

如此推理，美国这么多年来的教育平权努力都白费了吗？来自贫困家庭的孩子升入大学的希望就渺茫了吗？还存在美国梦吗？奥巴马和夫人米歇尔均来自美国中下层家庭，他们又是如何双双进入哈佛大学法学院，并在那里相识相爱，最终成为美国第一家庭的呢？

第二阶段：高效能学校特征的认同

美国中小学教育连年来不间断改革的另一个重大动力是1983年美国高质量教育委员会发表的《国家处于危机之中：教育改革势在必行》（*A nation at risk: the imperative for educational reform*）一文。文中提到美国中小学教学质量处于中游状态，几乎五分之一的高中毕业生连一篇像样的说明文都写不出来，在数次国际学生的语言和数学考试中，美国学生的平均成绩都远离前三名。如此多令人生忧的消息更加督促联邦和各州政府下决心改变公立教育的窘境，他们加大了拨款力度，一些为美国未来科技着想、为人才素质担忧的企业家也纷纷出资，全国范围内掀起了各种规模的中小学教研和改革浪潮。

人们怀着对美国社会制度的信任和对教育力量的期待，坚信一个人只要接受高质量的中小学教育，并升入大学，或者获得更高学历，就将摆脱贫困，步入中产阶级，或进入更高社会阶层，成为社会的中坚力量。

一个民主的制度就是要让人人都享有同样的教育机会和同等的晋升可能。成功的教育不仅仅是助推学生个人的成功，更重要的是让每个人都发挥潜力，为社会做出贡献。

由此，这一阶段的研究超越了对学生个人表现的分析，提升到对高质量学校运作的全方位研究。研究的终极目标是寻找缩小成绩差距的途径。研究的出发点是寻找高效能学校的特征，力图找到造成学生之间成绩差异的鸿沟的原因。为什么美国中小学生和其他国家中小学生的成绩差异如此之大？学校教育为什么赶不上科技发展的需要？人们希望找到答案，提升中小学教育质量。

罗纳德·埃德蒙兹（Ronald Edmonds）和几位同事开始对高效能学校进行田野研究。他们选择了几十个表现优秀的中小学校。这些学校和其他的公立中小学校同处一个学区，在相同条件下，却比其他学校办得好，学生的学业成绩和其他各项活动的开展都领先于其他学校，广受学生和家长的称赞。埃德蒙兹研究团队对这些学校的文化氛围和教育教学活动展开了深入的调查和研究，研究的结果使他们兴奋。所有的中小学校都可以实现高效率、高质量，但是这样的学校必须具备下列特征：①学校领导得力；②学校和家长对学生的学业成绩有高期望值；③学校安全有序，但非死气沉沉；④师生共同以学习和进步为奋斗目标；⑤教师及时了解学生的进步和所遇到的问题。

罗纳德·埃德蒙兹的研究结论为高效能学校特征的进一步探讨奠定了基础，对建立合作的专业学习共同体的研究起到了推动作用。

20世纪80年代后期，劳伦斯·利佐特（Lawrence Lezotte）和威尔伯·布鲁克沃（Wilbur Brookover）也对一些表现出众的学校进行了观察和研究。英国的一些同行，如迈克尔·鲁特（Michael Rutter）也同时加入进来，他们的研究结果被收集在一本名为《一万五千个小时：中学教育及其对学生的影响》（*Fifteen thousand hours: secondary schools and their effects on children*）的文集中（孩子们每年在校大约一万五千个小时）。文集中包括两国教育工作者的数百项相同或相似的研究结论。他们用数据推导出高效能学校的特征，除了肯定埃德蒙兹等人总结出的五个特征，还增添了两个，由此得出如下七个高效能学校的特征（DuFour et al.，2008）：

（1）校长是一名教学领导；

（2）学校拥有安全有序的学习环境；

（3）建立了高期望值的文化氛围；

（4）学校拥有师生和社区共享的使命；

（5）学生拥有充足的学习时间；

（6）学校密切关注和指导学生的进步；

（7）建立了和谐的家校关系。

这七个特征相互关联，密不可分。

第三阶段：理论转化为行动——建立一个成功的CPLC

千禧年之后，美国中小学教育改革进入一个新时代。一方面由建构主义哲学武装起来的教育工作者们，在慎重思考了以前教育改革的利与弊后，提议要加强交流和合作以提高学生的学习质量，既帮助学生提高学习成绩也促进他们的全面发展。而另一方面，留恋传统教育的人，包括一些为了获得公民选票的政治家，仍然坚持量化的评估方法。他们愿意用考试成绩评估一所学校的优劣，他们要求所有学生参加英语和数学州级标准考试，每年公立学校的各年级学生考试合格率要公布在州教育部网页上，合格率低的学校要保证达到每年5%的提高率。这一意愿写进了《不让一个孩子掉队法案》和后续的《每个学生都成功法案》，这也成为当前美国中小学教育改革的最大争议点。①

　　联邦制定的这两个法案中有关学生考试成绩的要求给美国中小学校长们带来了巨大的压力。他们在新旧教育理念和实践中要不停地平衡各种力量，选择最利于学生全面成长的做法。在这种压力下，校长们究竟会如何应对呢？

 动起来：头脑风暴

　　面对以下四组矛盾，你会如何做呢？

矛盾1

做法：坚持教学改革，提高学生的学习参与度和自主性。

矛盾：短时间内看不到学生考试成绩的提高。

⌘ 你用来调解这对矛盾的策略：

_____

你的策略的利与弊：

利：_____

弊：_____

---

① 这里强调一下，各州教育部公布的成绩是一个学校学生在州级标准考试中的合格率，不是学生的考试平均成绩。这个数据和美国学生与国际学生评比时的成绩不是一回事儿。

矛盾2

做法： 为了提高学生考试合格率，鼓励教师提高讲解能力，增加课堂考试训练。

矛盾： 学生的发散性思维和创造性思维得不到有效训练。

⌘ 你用来调解这对矛盾的策略：

_____

你的策略的利与弊：

利：_____

弊：_____

矛盾3

做法： 为了提高考试成绩，课堂上加大习题训练，增加作业量，提醒家长加强对孩子作业的监督。

矛盾： 家长有意见，抱怨学校把教学任务转嫁到家长身上。

⌘ 你用来调解这对矛盾的策略：

_____

你的策略的利与弊：

利：_____

弊：_____

矛盾4

做法：加大习题训练，多留作业，提醒家长督促，以提高学生考试成绩。

矛盾：一段时间后发现，学生之间的成绩差距加大。热心的家长给孩子"加餐"，而没时间或没意愿的家长，并不完成他们的"家长作业"。教师多样化教学任务更艰巨。

✂ 你用来调解这对矛盾的策略：

_____

你的策略的利与弊：

利：_____

弊：_____

请继续了解美国的教育实践。比较美国学校的做法和你的答案。你认为美国的实践在中国行得通吗？

美国联邦政府出台教育改革法案的初心很好，但是其中量化教学质量的评估方法却给传统的"老师讲，学生听"的被动教学方法打了一剂强心针。为了提高学生在标准考试中的合格率，不少老师重新拾起"满堂灌"的方法，采用题海战术，加大作业量，然而学生成绩的提高并不明显，而且学生间的成绩差异并不见缩小。根据美国全国教育统计中心（National Center for Education Statistics，2018）的报告，四年级和八年级学生在2017年的中小学教育进步评估考试（National Assessment of

Educational Progress）中的数学和英语平均成绩与1992年相比有大幅度提高，但和2015年相比，基本持平，而且来自不同家庭背景的学生之间的成绩差异依然没有缩小。

四年级和八年级学生的数学和英语优秀率（Advanced level）从1990年到2005年有了较大幅度的提升。在1990年时，只有百分之十几的学生达到优秀水平，到2005年时，百分之三十多的四年级学生的数学和英语成绩达到优秀，近百分之三十的八年级学生也达到了这个水平。但这么多年以来，这个百分比没有太大变化。十二年级学生的数学和英语优秀率从2005年到2015年，也始终徘徊在21%~23%之间。

如此的结果引起了多方的不满。家长们抱怨孩子作业量大，影响家庭生活质量。学生吐槽课堂教学有太多记忆性练习，不与社会实践相结合，学生的自主思考时间和创造性活动时间被挤掉了。教师们也感到即使学生考试合格率有所提高，但是对学生的未来发展又有什么作用呢？21世纪学生所需的4C能力应该如何培养呢？这种"老式学校"的课堂教学并没有真正改变美国中小学生中优差的两极分化，也没有大幅度提高学生的优秀率，显然并没能达到教育改革的最初目的。

虽然教育分权制和缺少统一的教学评估对美国的中小学教育质量问题负有责任，但是统一的标准和统一的考试并没能有效提高教育质量。虽然学生的考试合格率有所提高，但是标准考试和标准答案并不能开发学生的潜力和特色，学生的个性差异得不到关注，需要得不到满足，教育改革在追求优质和公平中遇到了瓶颈。

　　在总结教训后，社会各界认识到半个世纪以来的教育改革，自上而下，投资巨大，这种上令下传没有教育工作者参与决策的改革，在执行时容易流于形式，难以形成深刻又持久的变化。教育改革的方向必须要转变。只有执行改革的人发生变化，才会有真正的变化发生。由此，学校和教师终于被赋予了较大的改革自主空间，学校改革和学生成功的决策权回到教学实践者的手上。从校长到教职工，再到学生，每个部门、每个人的主观能动性都需要得到关注和调动，大家共享学习机会，共同成长，这就需要把学校建成一个合作的专业学习共同体（CPLC）。

　　为了深入理解CPLC这个概念，我们建议大家抽时间阅读理查德·杜福尔和他的团队在20世纪90年代后期出版的畅销书《行动中的专业学习共同体：增进学生学业成就的最佳实践》，及2008年出版的《再访行动中的专业学习共同体：改善学校的新视野》（*Revisiting professional learning communities at work: new insights for improving schools*）。

　　理查德·杜福尔当过老师、校长和督学。他把学校建成了一个PLC。在他担任校长和督学期间，他所领导和督导的学校多次被美国教育部评为优秀学校。作为PLC的实践先锋，他广泛传播这一概念，引领更多的校长们接受和采纳它。杜福尔强调校长不再是孤胆英雄，而是专业学习共同体中的领头人。

　　"专业学习共同体"概念从90年代被广泛接纳之后，2000年后又得到快速推广，随着越来越多校长的认同，它越发彰显了生命力。在2008年时，已经有几个州的教育部把参加PLC的建设

和集体合作教学规定为教师专业进修的内容之一。（Honawar，
2008）

　　经过科研、实践和反思，杜福尔和他的团队在《再访行动中
的专业学习共同体：改善学校的新视野》一书中指出，一个成功
的PLC包括六个特征：

1. 人人分享的学校使命、愿景和目标。一切为了学生的进步。

2. 以学习为核心的合作文化。学校是人人参与的学习场所，
   不论教职工，还是学生，都要坚持学习，成为终身学习者。

3. 共同探索和实践有效教学，不断分析学校的现状，及时改
   进和提高。

4. 边学边干，创建合作的专业学习共同体。不要等待大家意
   见一致，只要目标一致，在实干中摸索适合本校的有效教
   学法和管理规则。

5. 保持永不停息的探索、实践和改进。

6. 获得经得起检验的成功和成果。

　　从PLC的六个特征里，我们可以看到前四个都离不开合作。
在PLC的建设中，团队合作（collaboration）尤为重要，尤其是
教师之间的合作被视为提高教学质量和学生成绩的最有效策略之
一。由此在PLC前加个"C"十分必要。CPLC的校长既要时刻关
心学生的学习成绩，又要有意放权，让教师做教学决定。教师要
经常分享教学资源和想法，共同备课。通过合作交流，教学点子
多了，教师可以更好地满足不同学生的需要。教师还要商定出可
以共同使用的评估方法，以检验教学和学生的学习，团队的智慧

使教师对自己的教学和学生的学习增添了信心。

警示

　　CPLC学校的科研结果不是建立在存在主义的论点之上的，它不赞成把所有的课程决定权一股脑儿地交给学生。它是采用杜威的进步主义教育哲学，即当今的建构主义哲学思想，注重发现和激发学生的兴趣，通过与实践相结合的教学活动，让学生既掌握知识内容，又发展创造性和批判性思维。学校带领学生高质量地完成既定的教学目标，造就出不仅是当前社会需要的雇员，也是能引领创新的人才。

动起来：反思自己的学校

　　1. 依据高效能学校的七个特征，考虑你所在学校的现状，按照重要性把它们进行排序。每个特征会如何影响学校建成一个合作的专业学习共同体？

　　2. 你的学校在哪些方面做得好？哪些方面需要完善？

表3.4　对照高效能学校特征

高效能学校特征	你所在学校的现状		
	很满意	还可以	需要改进
（1）校长是一名教学领导。			

续表

高效能学校特征	你所在学校的现状		
	很满意	还可以	需要改进
（2）学校拥有安全有序的学习环境。			
（3）建立了高期望值的文化氛围。			
（4）学校拥有师生和社区共享的使命。			
（5）学生拥有充足的学习时间。			
（6）学校密切关注和指导学生的进步。			
（7）建立了和谐的家校关系。			

终身学习的召唤

终身学习已经成为人人熟知的时代口号。一个CPLC还要把学校中的专业学习变为每一个人的愿望和习惯。因为这是时代的需要，也是教育任务的需要。

• 任务1：培养终身学习的愿望

请回答下列问题，并思考这些问题对中小学教育工作者意味着什么。

1. 人到多大岁数大脑发育就停止了？

2. 科技信息量每 _____ 年翻一番？

3. 以下新技术从上市到拥有5亿消费者花了多少年？

    a. 无线电收音机　　　　　　38年

    b. 电视机　　　　　　　___年

    c. 网络　　　　　　　___年

    d. iPod[①]　　　　　　___年

    e. 脸书（Facebook）　　___年

（下文给出了上述几个问题的答案。）

无线电收音机从上市到拥有5亿消费者用了38年的时间；而电视机只用了13年时间就收获了同样多的用户；更迅速的是网络，只用了4年；iPod只在3年内就达到了同样的普及度；脸书是用2年就达到了同样的目标。

你也一定可以用更多的数据，用天天出现在我们眼前的新事物，向大家说明科技发展的日新月异。按照科技信息量每两年就翻一番的速度，一位四年制技术专业的大学生到了第三学年时，他在一年级学的知识就有可能有一半都过时了。据统计，2010年与科技相关的10项职业，在2004年时并不存在。根据美国2012年就业市场调查，在同一岗位或职业任职不超过一年的员工占员工总数的25%，有一半员工的任职时间不超过五年。《世界经济论坛》还预测，等2017年进入小学的孩子们走上工作岗位时，那时65%的职业现在都还不存在。（Doran et al., 2019）

---

① iPod是苹果公司生产的便携式多功能数字多媒体播放器。

许多企业都愿意把他们的工作场所打造成学习型环境以应对无法预测的未来或通过创新引领未来，例如微软（Microsoft Corporation）和苹果（Apple Inc.）公司双双借用"校园"（campus）一词描述它们的办公区，即"微软（校）园区"（Microsoft Campus）和"苹果（校）园区"（Apple Campus）。这种名称很容易使雇员们把他们的工作环境和大学校园联系起来，毕业后的工作是大学学习的继续，公司是一个人人都要不断学习和创新的社区。

学校本就是学习场所，校长和教师更应该是学生学习的引导者，并且应新时代的要求成为终身学习的楷模！一个成功的CPLC一定是由爱孩子、爱学习的中小学教育工作者组成的。终身学习是时代的召唤。教师要关心时代发展，依靠教材指导教学的日子结束了。教师要有能力把最新知识融入教学，为学生提供有持久价值的学习内容，能够根据社会的需要不断调整学习内容。因此，教师要敢于跨越前人建立起来的学科界限，开展合作教学。虽然不能奢望教师们成为"百科全书"，但是一位教师起码要通晓一个领域，例如"文史地不分家，数理化不分科"，这就需要教师不断学习，更新学科知识，拓展知识广度和深度，达到无"科界"地教授学生，为学生做出跨学科知识迁移的示范。

不愿意接受新事物的校长或教师，如果没有很快被解职，就可能成为误人子弟的渎职者了。

• 任务2：开发每个学生的潜能

科技的发展和人工智能的应用助推了人类对大脑的研究，这些研究发现不断颠覆中小学教育和教学的思维及模式。最新研究证实人类大脑发育主要发生在十几岁前，但并不就此停止了。虽然人脑细胞数量增长有一定年龄的局限，但是细胞间的连接分支会随着使用而增多，使人变得更聪慧。所以人的智能潜力并不只是与生俱来的，后天的有意识学习、培训、经历和反思，都会提高人的智商和情商（Dweck，2016）。这就为终身学习提供了可靠的理论基础。它激发人们对自己的学习力充满信心，促使有理想的人永葆百折不挠的勇气和不断进取的激情。教师、家长们再也没有理由只用现阶段在校学习成绩评判一个学生是否会成功了，中国的古话"三岁看大，七岁看老"已经过时了。

知晓这个道理的校长不会再用固定的思维模式去看待和对待教职工，懂得这个道理的教师在和学生交流时，也会给学生，尤其是成绩差的学生以鼓励而不是否定。

永葆学习激情，终身学习是CPLC中每个人的志趣和乐趣，这既是成功校长和教师的必备素质，也是他们成功的源泉。他们以身作则，把终身学习的愿望传递给每一个学生，使人人都有学习能力，人人也都会越变越聪慧！

• 任务3：培养学生的道德品格

蒂姆·库克（Tim Cook），苹果公司现任CEO，在2017年中国乌镇举办的第四届世界互联网大会上讲道："我不担心机器变得像人，但担心人变得像机器。"同时他还讲道："技术本身不存在好坏。它不知道自己要干什么。只有我们人类才能保证将道德赋予技术之中。"库克对科技人员讲的这番话同样也提醒教育工作者：学校必须加强培养学生的"软技能"，即价值观、团队精神、责任感等。无论学生们的理想职业是科技创新者还是科技消费者，他们都必须具有道德素养和判断能力，懂得如何使用机器，懂得要让科技为人类造福，而不是让自己的未来被定格在机器的思维中。

现在不少的学生使用过多的电子设备，在超量享受现代科技成果时，却忘记了机器要为人类造福的目的。他们把大量时间消耗在电子设备上面，挤掉和亲朋好友直接交往的时间。这些导致他们缺少社交活动，在情感领域得不到应有的锻炼，极不利于他们的情商和道德品格发展。

这种现象更要求教师必须注重对学生软技能的培养，教学要互动，要明辨是非，既要鼓励学生冒险尝试，又要注重提升学生的道德判断能力。道德教育从来不能脱离教育现实。这就需要教师在把科技引进教学时，注意发现和寻找道德"教育时刻"（teaching moment），抓住时机，在学生心中注入正确的价值观，帮助学生学会有评判、有挑选、有节制地利用科技手段。

进入21世纪，教育界也迎来了新的挑战，到目前为止还没有哪个国家创建了一个道德教育模式可以让教师们在将科技引入教学时照搬使用。用心的教师们要根据学情探索有效的策略！

● 任务4：人人争当优秀教师

高新技术的发展带给人类生活和学习上的便利及舒适。如某些应用程序和设备可以取代黑板，师生都不用再"吃"粉笔末了；互联网上做作业、交作业；许多应用程序为有自学能力和自我管理能力的学生提供了提优补差的可能。

这种便利使人们开始质疑教师岗位的必要性。人工智能是否可以让教师失业？它是否可以替代课堂教学？是否可以取代教师？

科技不可能替代教师！未来需要更多的教师，尤其是优秀教师！根据艾里森·克莱因（Alyson Klein）的分析，到2030年，40%的教师工作会被人工智能取代，如记录学生出勤和成绩，向家长报告学生表现，课程表编排，大量的应用程序可以帮助学生扩大知识面，而且它们还可以根据学生的学习进展调整学习进度。（Klein，2019）

但是机器的操作系统是根据以前发生的现象编排出来的程序，它不会应对每天、每节课、每个学生即时出现的非共性表现，它看不到超乎常人的学习状况，它不能发现具有特殊兴趣、才能和潜力的学生，也很难分辨出需要特殊帮助的学生。还没有哪个学习软件可以提供如同教师根据学情提供的现场师生互动！也没有哪个软件可以有效激励学生保持学习动力，战胜挫折，引导学生自主学习。只有教师通过和学生的互动才能观察到学生当天的情绪和学习状态，并根据学生的需要及时提供没有偏见、适合个性潜力发展的学习内容和环境。

一个CPLC学校的新使命需要全校教职工对学情有充分的了解，对有效教学法进行持之以恒的学习探索，经历"有效"失败后，获取提高和保持学生学习动力和热情的策略。高效率教师的魅力和功效是任何机器设备都无法取代的，未来的学校需要更多的优秀教师！

 动起来："讲故事"活动

越来越多的学校领导在用"讲故事"的方法来提高交流效率，提升教职工的业务发展水平。教学中发生的故事真实，有情节，吸引人且寓意深刻。这里请校长们想一想，你都做过哪些事或准备做哪些事，能给师生们树立一个"终身学习者"的榜样？

（1）你可以参照下面的问题，回忆或构思你的故事。

（2）把答案填写在问题下的空白处，完成你的故事。

（3）请把你的故事讲给你周边一个值得信任的人，听听他的反馈。

❖ 你不断学习的动力是什么？

❖ 你是如何表达你的学习进步的（说了什么和做了什么）？

❖ 你的故事对周围的人有影响吗？你是怎么知道这些影响的？

❖ 你的听众有反馈吗？没有的话，请分析一下原因。

CPLC校长和教师的特征

"变化"这一概念是美国文化的特征之一，它是推动美国社会发展的重要动力。为了把学校转型为一个成功的CPLC，首要的问题是：谁是变化的推动者？

• CPLC校长的特征

请阅读下面这则故事。它反映的是一种改革过程中经常出现的现象。它让我们思考校长在改革中的作用，以及改革给学校带来的短期和长期影响。故事发生在美国西部的一个中型城市。

佳宁的故事

佳宁·菲尔德是一位有三年教龄的英语教师。现在，她的教学逐渐走向自如，并有兴趣与精力参加社区和课外活动了。可是她所在的学校，教学气氛不活跃，同事之间谈话谨慎，缺少真诚交流。她感到死气沉沉。

冬天，佳宁被举荐到学区的课程委员会。通过数次会议和多次交流，她接触到不少外校老师，并了解到附近的百里福中学正在搞教改，老师们都很兴奋地谈论正在进行的改革。所以当佳宁得知百里福中学有个英语教师职位空缺后，她立即申请，并在新学年时，如愿地转到了百里福中学。通过学校的"新老教师帮带"活动，有十年教龄的盖瑞老师被指派为她的导师。盖瑞和她讨论教案，解答她的问题，帮助她与其他教师建立联系，把她介绍给积极参与学校活动的家长。佳宁在和盖瑞的交流中获益匪浅。但是，有些事也让她十分困惑：在平时教师之间的谈话里，在教师休息室里，她听到许多人对学校教改计划冷嘲热讽。这和佳宁去年在学区课程委员会议上听到的太不一样了。她去请教盖瑞，这到底是怎么回事？（Lambert et al., 1996）

请思考一下，可能的答案是什么呢？

1.＿＿＿＿＿＿＿＿＿＿＿＿＿＿＿＿＿＿＿＿＿＿

2.＿＿＿＿＿＿＿＿＿＿＿＿＿＿＿＿＿＿＿＿＿＿

3.＿＿＿＿＿＿＿＿＿＿＿＿＿＿＿＿＿＿＿＿＿＿

真实故事的答案很简单：前任校长被调走了，学校换了新校长。

这类故事对中国教师来讲也一定不新鲜。一名校长领导学校进行重大改革后，学校出现了明显的变化，学区很快会把这样有作为的校长提升或抽调到"更需要"的岗位或学校。这种调动很可能会暴露出这位"成功改革"校长的领导力缺陷：随着校长的离开，他所领导的改革也随之而去。

　　问题出在哪里呢？

　　一位校长带领学校教职工进行改革，并取得了可喜的成绩，说明这位校长有想法、有魄力。然而"人走政亡"，说明学校的改革文化和弘扬新实践的理念没能在教职工中"扎根"，只是因为校长的存在而存在，随着校长的离去而消失。显然这是位"个人英雄"式的校长，缺少建立学习共同体的能力。

　　在以校长为中心的学校里，校长能根据自己的理念，选贤任能，组成一个能支持他的领导团队。校长高明，一言九鼎，下面的管理人员佩服，愿意服从。只要校长在，学校随其意志运转，一切看起来正常甚至成就喜人。困境时校长敢于出面，化解疑难。但这是一个健康发展的教育机构吗？如果一个学校的改革只仰仗一个人的能力，那么，学校教职工的聪明才智都到哪里去了？难道一位校长的能力和智慧能够抵得过全校几十、几百，甚至上千名教职工和学生的集体力量和智慧吗？

　　杜福尔等人在《再访行动中的专业学习共同体：改善学校的新视野》一书中，专门有一章阐述校长在专业学习共同体建设中的作用。书中用专业学习共同体学校的实例反复强调一个优秀的校长创建学习文化和分享领导力的能力。这位校长知道如何建立领导和管理分责制，知道如何调动和支持教师的领导力，知道如何把教职工的智慧和能力凝聚起来并保持下去。这些看似分散的领导职责分布，实则为人力资源的最大利用。

　　近二十年来还有不少有关优秀校长的研究和个人故事。下面以凯瑟琳·科顿（Kathleen Cotton）的研究为例。

科顿在仔细审阅了八十多篇科研论文的基础上，归纳出优秀校长的五项特征。第一，校长的领导体现在对学生学习的领导上，包括以学习为中心的学校愿景和目标以及对所有学生的高期望值；第二，创造平等交流的氛围和融洽的关系，包括师生之间、生生之间、校领导和教师之间，以及家校之间的关系；第三，建立积极向上的学校文化，教职工分担管理和领导责任，没有等级隔阂的合作，支持冒险尝试；第四，学校运作以教学为主导，校长花时间和教师们商讨教学、听课和反馈，支持教师们的不同教学模式，不抢占教学时间；第五，明确责任制，督导教学质量的提高，用学生的学习成果和大数据反映教学质量的提高。科顿的研究结论和高效能学校的七个特征十分吻合。许多教育工作者认同她所概括出的这五项特征，美国有些学区也用这五项特征来招聘校长。

科顿的研究强调校长在教学中的领导作用，包括校长对学生学习的直接关注，教师之间相互合作和支持的文化氛围的营造以及责任制。校长要重视每位教师的教学成果，即教师要教法得当，学生要学有所得。优秀校长在实际工作中支持和赞赏高效率教师，大力表彰学生和教师的成功，并且敢于劝退不合格的教师。这样的校长在校园里经常现身，出入教室，听课评课。校长的这些行为有利于留住优秀教师，同时在这种校长的督导下，不合格的教师会感到压力，会想要快速提高，否则就是自我淘汰。

安东尼·布雷克（Anthony Bryk）和芭芭拉·施奈德（Barbara Schneider）在美国第三大学区——芝加哥学区，走

访了12所小学，进行了为期三年有关校长特征的调研。他们
（Bryk et al., 2003）总结出的校长特征，和科顿的结论相似，
但另外还着重强调了一项：校长有能力领导教职工和家长之间建
立起信任。因此，校长的交流能力尤为重要，他知道如何倾听家
长和社区对学校的期望、意见和反馈，同时勇于向家长和社区阐
明各自应该承担的责任，家校之间的信任有助于增强学生的学习
效果，促进学校和学生的共同发展。

没有信任的故事

在美国西北部的一所高中，任职多年的老校长退休了，学校要
招聘新校长。在几名优秀的候选人中，来自另一个城市的杰希卡获
得了职位。开学第一周，杰希卡告诉秘书，她要利用放学后的一小
段时间，和每位老师分别开会，聊聊每个人的专业成长计划，以便
深入了解每位老师。杰希卡发现每次和老师交谈时，老师都带有戒
备，不愿多说话，这使她感到难以和老师们建立起信任关系。

几次会议后，杰希卡决定和秘书谈谈她的焦虑。她问道："我
注意到每个人对我都很冷淡。你知道为什么吗？我哪里做错了？"
秘书深深叹口气，耸耸肩膀，没说话。过了几秒钟，杰希卡说："我
刚刚到学校几天，但是请你相信我，告诉我为什么会是这样。"又
沉默了几秒钟后，秘书开口了："我不太了解你，但是我且相信你
吧。大家对你冷淡的原因是你在放学后和他们开会。老校长在时，
放学后开会总是通报坏消息，不是对听课不满意就是有什么地方做
得不对。"杰希卡恍然大悟："你真应该早告诉我。我一定要向各位

老师讲明，我和他们的会议是我走访或听课后的反馈交流。这几天来，我观察了老师们的教学，绝大部分都让我感到十分满意。我只是希望加深和老师之间的相互了解，也想帮助每位老师的专业成长。"秘书接着说："当时我真不知道你会是什么反应，如果我告诉你改变会议时间，你是否会认为我是在批评你的工作方式？"杰希卡笑了，回答道："你是对的。建立信任需要时间。但是你要知道我是信任你的。学校的年长秘书就是学校的史学家。你在校时间长，很清楚学校的文化、传统及什么可行与不可行。请答应我一件事，以后你看到我所做的可能是行不通的，请告诉我。我信任你。我会尊重你的意见。谢谢了。"

思考：

1. 你怎么看待这个故事？

2. 杰希卡处理得恰当吗？

3. 在这种情况下，你会怎么做？

在学校领导特征的研究中，罗伯特·马扎诺（Robert Marzano）及其团队的研究结果受到了极大的关注。马扎诺团队（Marzano et al., 2005）的著作《高效率学校的领导：从科研到结果》（*School leadership that works: from research to results*）对多年来美国中小学教育管理研究重新做了整合汇总分析，然后指出三十多年来有关中小学校领导的科研论文超过五千篇，而其中只有不足七十篇在研究校长行为和学生学习成绩之间的相关性。这些研究并没发现这两者之间有多大的相关性，这是不是就可以说校长的领导行为并不一定能直接影响学生的成绩或表现呢？

马扎诺的科研团队指出，过去三十多年来的教研常以单个或几个校长的领导行为作为研究变量，然而教育领导是一个十分复杂的领域，许多变量相互纠缠，难以截然分离。所以马扎诺研究团队抛弃研究个别变量的方法，采用系列相关变量的综合分析研究法。由此高效率学校领导的领导特征和学生学业成绩之间的相关性就凸显出来了。

总之，一个优秀的CPLC校长的特征有很多，对其进行总结后，发现有以下共同特征。

1. 过人的人际交往能力和高情商，与教职工建立起信任的工作关系。

2. 亲自参与课程制定和教学发展活动。

3. 调节和平衡各层领导和管理之间的关系。

4. 创建安全有序的教学环境，减少对师生教与学的干扰。

5. 学生的学习是学校使命的中心。

6. 引导和鼓励教职工建立起专业道德理念。

7. 尊重多元文化背景下的每一个师生。

8. 为每个学生提供公平的学习机会。

9. 成为改革先锋，理解改革的艰难进程，把改革作为学校前进的动力。

10. 通过多种交流方式，保持和学生、教职工、家长之间的高效沟通，推动学校使命的达成。

11. 和家长及社区建立起积极的合作关系，共同促进学生的进步。

12. 不断为教师的专业发展提供进修机会。

13. 展现"情景认知能力"（situational awareness），校长熟知学校文化和可能面临的挑战，对紧急情况有预案，发生紧急情况时能冷静处理。

14. 鼓励反馈和创新，并吸纳各种建设性建议。

15. 保护教师和教学，减少官僚行政管理对教学的冲击。

16. 能够适时地用幽默缓解紧张局面。

• CPLC 教师的特征

加拿大教育改革专家迈克尔·富兰和美国同事安迪·哈格里夫斯（Andy Hargreaves）在 1996 年就指出："我们相信教育界的发展到了转折点。教育作为一个职业，第一次从内部发生变化，这将是不可避免的。尤其当教师和校长成为变化的主力时，无人可以替代他们，即便这并不排除其他人的责任。"

显然校长和教师都应该是教育改革的主力军。在压力面前，校长和教师将如何共同努力以提高每个学生的成绩和收获呢？

2018 年 1 月，英国《卫报》（*The Guardian*）刊登了一篇一位英国教师的吐槽文章。

玛丽的故事

为了快速提高教学质量，学区加大了对学校的领导，玛丽所在的学校新来了一名副校长和数名助理校长，每人负责一门学科的教学。这些领导们工作很辛苦，总在开会讨论创新，并出台新文件，要求教师们执行。为了学校的全面成功，他们要求每个学科都使用规定的教案格式。教师们要学会用数据反映学生的学习收获。这些领导们还经常到教室听课，课后进行评课。只要发现不符合要求的地方，他们就会及时提供反馈。

请思考下面的三个问题。

1. 玛丽的故事给你留下什么思考？
2. 这种加法式领导机制有什么利弊？
3. 这种全覆盖式的指导方式会对教师和教学产生什么影响？

我们的回答在本小节最后

希望这个故事能引起校长们的思考。教改中的每一个决策都值得仔细斟酌，都需要权衡其对教师和学生学习的影响。过分强调校长和领导层作用的实践，会使教职工感到校长想要做一位孤胆英雄。学校里对学生起着最直接影响作用的人是那些天天活跃在学生之间的教师。他们每天和学生直接接触，最了解学生每天的变化。用心的教师知道如何采用最适宜的方法来激励和挖掘学生最大的潜能。校长和学校的领导层要倾听教师们的反馈，和他们一起制定对策。

约翰·哈蒂（John Hattie）是澳大利亚教育家，以"可见的学习"（visible learning）理论著称。他对21世纪老师的作用阐述如下：老师要长一双学生的眼睛，看待学生的习得和成就，帮助学生成长为自己的老师。老师还要有一双自测的眼睛，看到自己的教学对学生产生的影响，成为自己教学的评估者。哈蒂最近对学校提出的要求是"每一个学生都应该拥有优秀的老师，不是有幸碰到的，而是学校有意的安排"。

这就更强调校长要对教师的资质和教学能力了如指掌。为了让每一个学生不掉队，首先每一位教师不能掉队，人人都要具备21世纪教师的资质。有远见的校长希望按照学校使命的需要录取高资质、有爱心的教师，组成得力的教师队伍。然而新校长上任后，师资队伍已经形成，无论这支队伍是强是弱，风气是正是邪，校长都要有计划地将现有的教师队伍培养成一个全面合格的教师群体。

富兰等人（Fullan et al., 1996）在《你们学校里什么值得拼搏？》（*What's worth fighting for in your school?*）一书中指出，教育界存在一种独特的文化，即"隔离"文化。尽管教室相邻，一位教师关起教室门，教学就成了这个教师的个人活动。教师们可以我教我的，你教你的，互不干涉。这种隔离可能使教师在某种程度上感到安全，却切断了教师之间的相互交流。虽然有时课前、课后教师之间会交流教学意见，但这种交流脱离了课堂教学实际。因为建设CPLC的需要，这种文化已被视为改革的阻力，不利于教学相长。

因此，为了使每位教师都成为优秀教师，不能只靠学校领导的力量，而要把学校建成一个CPLC，校长要以身作则，以同事的身份和教师们平等合作，在教职工中树立起自主自由学习的风气，大家才能集思广益，协调解决教学第一线的问题，共同提升专业能力和职业道德。

在一个CPLC中，教师们都应该具有哪些素质和能力呢？

1. 认同和践行职业道德，具有社交和情感交流能力，做学生的榜样。

2. 关爱每一个学生，不管其家庭背景怎样，对他们都一视同仁，充满期望。

3. 和家长配合，共同帮助学生获得成功。

4. 掌握中小学生心理发展知识，理解学生心理和生理发展过程。

5. 尊重教学要求，详细撰写教学设计和教案。

6. 采用多种教学法，满足不同学生的需要。

7. 为强化学科知识和提升教学能力，不断学习，有能力为学生深入浅出讲解复杂的概念。

8. 拥有课堂管理技能，注重培养学生的优良品质。

9. 拥有优秀的教学协调能力，能遵循教学和课程要求，及时调整教学计划，帮助学生获得最大收获。

10. 具有终身学习的意愿，愿意花时间和精力不断钻研教学知识，提高教学能力，改进教学效果。

11. 平衡工作和生活，做一个全面发展的人。

12. 积极参与CPLC活动，与大家同舟共济，实现学校使命和愿景。

13. 为学校文化建设贡献力量，积极参与学校的各项改革活动。

思考：

一名优秀的教师既要拥有优良品质又要兼具教学技能。在以上条目中，哪些属于优良品质？哪些属于教学技能？哪些是两者的结合？你认为优秀教师还需要哪些素质或能力？

玛丽故事的答案：

1. 玛丽的故事给你留下什么思考？

世界各国中小学教育纷纷在进行改革，以应对不同层面上责任制所带来的压力和挑战。虽然各国教育制度不同，但在运作中，玛丽学校的故事很有代表性。

2. 这种加法式领导机制有什么利弊？

利	弊
增加领导力量是学区对教育改革要求的即时反应。 加强分学科领导，是承认学科差异的体现。 详细的教案要求和多次听课评估有利于提升教师队伍的整体水平，尤其是对教学能力欠缺的老师而言。	增加人力资源需要充足的财力基础，这很容易成为应对上级要求的短期行为。 实施自上而下的行政命令，低估了教师的改革能力和热情。 没有教师参与的决策，剥夺了教师的自主性和创造性。 标准化教案无视学生个性和差异。

3. 这种全覆盖式的指导方式会对教师和教学产生什么影响？

玛丽的故事不是偶然现象。当学区或校长不能把建立一个

CPLC作为学校改革的方向时，浪费人力、物力的现象就很难避免。教职工的能力和潜力得不到认同，教师的领导力得不到充分发挥。尤其当调来不熟悉本校情况的领导时，短期内不易看到改进的效果。

从积极角度分析，我们可以感受到玛丽所在学校领导们的努力和辛苦，但是他们缺乏CPLC领导的素质。他们采用了权威型领导方式，而非民主型管理方式。

自上而下地发布命令，具体到规定文件表格的填写，实质上是无视甚至压抑教师们的学习能力和创造性，挫伤教师们的自主性。上级对教学过细的要求是对教师工作的微观管控，没有给教师"留白"，限制了教师的自我发挥空间。长此以往，教师们的工作热情会受到打击，最终受害的是学生。

这样的改革难以持久。

创建CPLC的策略

把学校建成一个CPLC是一场革新，创建CPLC的过程是校长和教师重新思考学校领导和管理方式的过程，是建立一个具有高透明度的共同体的过程。这里介绍三个学校的改革模式。

• 改革反思进程模式

哈勒等人（Hall et al., 2016）在《校长影响力：建立校长领导力的框架》（*The principal influence: a framework for developing leadership capacity in principals*）一书中，总结出校长改革反思进程四阶段（表3.5），描写了一位校长和教师们共同学习、协作，建立起领导梯队和增强领导力的过程。这个过程包括四个阶段：①校长接受上级决策指令，向全校传达，教师勉强为之；②校长反思改进，根据教师特长分配工作，展现校长的洞察力和对教师的信任，同时提升教师的责任感和主人翁精神；③校长放手、放权，教师带领业务进修会议，鼓励全体教师体验和认识自己的潜能并出色完成任务；④最终学校的合作决策通道畅通，教师成为校本决策的主人，学校领导梯队形成，合作的专业学习共同体形成。在这个改革过程中，校长摆脱个人独揽领导权的做法，和教职工一起探索学习，建立起领导梯队，以逐步达成学校的使命和愿景。

表3.5 改革反思进程四阶段

听从上级		有知有悟		行动阶段		强化领导力	
接受现有的决策结构，听从上级的决策安排	发展理念	建立本校领导机制，结合本校实际，完成上级任务	制订计划	给予教师学习、讨论和实践如何结合本校实际完成上级任务的机会，发现有领导力的教师	准确评估影响	建立本校改革决策通道和领导梯队，分配领导职责	决策校本化

● **理论走进实践的范例**

　　下面的故事展现了一所学校通过两年的时间将州教师评估标准校本化的过程。

　　第一阶段：听从上级

　　为执行州立法机构的要求，学区在新学年开始前，将评估教师的六条新标准下发到每所学校，并要求各校在新学年启用。六条标准包括：①课程、教学单元和每节课的详细计划；②正确采用教学法；③创设良好的课堂环境；④职业行为和记录；⑤用学生的反馈来反映业务学习后对教学水平提高的效果；⑥建立和家长、社区的联系。绝大多数校长和教师对这些标准在教学中的具体体现缺少认知，对这突如其来的强制性要求倍感压力，所以产生了抵触情绪。学区体谅校长和教师的困境，决定在学期中开设两个工作坊，深入解析这六条标准，各校派代表参加，然后回校传达。虽然教师代表参加了工作坊，但是在回校传达上级精神时，毫无热情。教师的态度是既然别无选择，就走着瞧吧。

　　第二阶段：有知有悟

　　该学区某校长意识到教师们对执行这六条评估标准的压抑情绪，在教工会上她向教师们提问："我们如何根据学校的实情来执行这六条标准呢？"几位教师看出校长的诚意，于是约定放学后，在学校附近的一个咖啡馆坐下来，讨论如何回答校长的问题。四年级教师达琳正在读硕士学位，她把在一节研究生课上刚刚读过的一篇文章《教学原则》（*Principles of instruction*）介绍给大家。她所在研究生班的同学大多是在职教师，同学们都认为这篇文章接地气，对自己教学水平的提高有帮助。达琳建议在座的教师读读这篇文章，如果大家认为有益于当前的讨论，她可以把这篇文章推荐给校长。

参与讨论的教师们阅读文章后，很认可其中的内容，于是达琳将文章推荐给了校长。校长读后也认为文章很适合本校实际，便要求全校教师们分组阅读并讨论，思考如何把文章中提出的十条教学原则贯彻在自己的教学中，并制订相应的评估标准。

第三阶段：行动阶段

教师们随后陆续推荐了更多的相关文献。校长提议根据文献的重点，分别组成教案、教法、评估三个研究小组，每组选出组长，带领各组研讨。合作的专业学习共同体就这样悄然地形成了，无意中大家已经在贯彻州里提出的评估标准中的第五项要求了。

在研讨中，涌现出五位有领导潜力并受到大家拥戴的教师。校长和这五位教师组成教研领导小组，带领教师们在业务进修时间分享阅读文献的收获。研讨中用时较多的主题有"如何检查学生对所学知识或技能的理解""如何采用多种教学法攻克教学难点"和"如何鼓励学生自主学习"。虽然对这些问题没有一个确定的答案，但大家的讨论直击业务进修的难点。校长很高兴，教研带头教师可以组织这样有深度的讨论，教师们都能积极参与，畅所欲言，一个合作的专业学习共同体正在发展。

第四阶段：强化领导力

新学年开始，校长很高兴在过去一年中教师们走过了一段合作的专业学习共同体成长的历程。教师中涌现出教研领导团队，带领全校教职工解决难题，教职工之间互相信任，合作的氛围已形成。校长认为时机成熟，学校可以制订教师评估标准，并在全校尝试执行了。

通过过去一年的学习讨论，教师们达成了一致意见，他们认为不应立即使用州里颁布的全部六条标准来评价教师，可以让每个教师根据自己的教学优缺点，选择最需改进提高的三项标准并提出相应的改进计划，并且三项标准中必须包括"用学生的反馈来反映业务学习后对教学水平提高的效果"。为了全面深刻理解和执行这一标准，教研领导小组提议每月举行一次CPLC会议。校长协调排课，保证每位教师都能出席。校长还会根据教师们的提议，购买或复制必要的教学资源，为教师教学或进修所用。

教师们开展了有计划的小组备课和相互听课及讲评。他们特别注意记录和分享如何按学生的反馈改进教学。教师们变得越来越注意倾听学生的声音。为了提高学生的注意力和理解力，教师们不断探讨如何改进课堂提问的方式。

CPLC会议由教师们轮流主持，探讨的问题越来越深入，虽然题目似乎更小，但是能够做到深探精究。教师们感到业务进修时间收获颇丰，探讨内容和教学实践紧密相关，讨论的结果容易在教学中使用。这样的业务进修方式使大家感到自己正在向优秀教师迈进，也感到学校正在走上达成使命的道路。

在一个有CPLC理念校长的带领下，教师们通过解决一系列教学实践中的问题，建立了合作的专业学习共同体。校长不必事必躬亲，但是必须胸怀学校使命，方向明确，培育教职工的领导梯队，保障解决问题的交流渠道畅通。这个方式也为解决如何改进教师进修效果提供了好的经验。

●"十问题"模式

一个合作的专业学习共同体是在实践新理念中磨合形成的。只有讨论没有行动，就没有成果。所以在讨论学校使命和愿景时，在决定改革目标时，虽然大家会意见纷纷，但只要教师们愿意参与，这就是学校改革的可喜开始。不必追求意见的一致，大家畅抒己见就是一个好的开始。尽管可能意见多有分歧，但绝不要强求意见一致，只要大家愿意在同一个问题上发力，就可以开始行动。校长可以采用问卷的方式，在教师中进行调查，根据学校使命和愿景，大家认为首先要解决的问题是什么，再由教师领导小组决定解决哪些问题会对学生学习产生最直接的影响。

美国中北地区教育实验室设计了以下十个问题用以指导全校课程改革计划。（见表3.6）

表3.6　课程改革行动计划表

1. 为什么改革？改革计划与当前的理念和实践有什么区别？	2. 课程规划蓝图是什么？
3. 改革目标是什么？	4. 需要哪些进修活动以促进改革？ 校内： 校外： 互联网：
5. 各项行动的负责人是谁？ 校长的责任是什么？ 每位参与教师的责任是什么？ 小组的责任是什么？ 参与学生的责任是什么？	6. 需要哪些资源（阅读资料、资金）？ 书籍： 软件： 互联网： 教案／学案：
7. 需要哪些支持（人员和技术）？ 如何进行业务进修？ 如何安排时间能让每个人都参加培训？ 培训时需要什么设备？ 是否需要安排秘书做文字工作？ 是否需要安排先行的骨干培训？	8. 为了达到目标，需要哪些具体行动？时间表是什么？
9. 如何评估使命的完成？ 什么时段评估？ 评估的方法是什么？ 评估的标准是什么？	10. 要遵守哪些道德规范？

上述行动计划表规划出了改革的蓝图。改革行动计划汇集了教职工的声音，再由大家共同执行，校长既要和教职工一样承担一些具体责任，又要协调保证整个计划的完成。校长要根据计划，分阶段督促任务的完成，并协助解决突发问题。

全校范围内的改革是建立CPLC的最佳方式。它为大家提供了近距离相互了解的机会，大家学习相互包容，协调不同意见，最终实现使命和愿景。一个合作的专业学习共同体就在分析和解决问题的历程中锤炼出来了！

本章小结

回顾美国半个多世纪的中小学改革历史，我们发现了一个令人深思的现象：虽然教育改革的出发点是赶超当年苏联的高科技水平，但是教育改革的落点并不是培养精英的优质教育，而是惠众的高质量教育。无论是2001年联邦政府颁布的《不让一个孩子掉队法案》，还是2015年颁布的《每一个学生都成功法案》，其核心目的都是为所有学龄儿童接受高质量教育努力。

美国中小学教育改革半个多世纪的经验教训证实，必须倚重天天和学生打交道的教职工和学校领导，才能实现改革。只有学校内部发生了变化，学习氛围改变，师生关系转变，大家都敬重学习，教师、学生、家长和学校领导共同奔向一个目标，才会成就学生、教师和学校。这个变化的载体和结果就是一个合作的专业学习共同体。

这章总结了成功的CPLC中校长及教师拥有的共同特征，但是由于个人气质和风格迥异，每个人都会表现出不一样的状态。我们相信没有一个确定的一成不变的标准可以界定一个成功校长或成功教师的全部表现和成就。在不同的社会文化环境中建立起的每个CPLC也会有自己的特色！

我们早就应该知道的"好学校的标准"

十年前，在一个大型国际教育大会中，著名教育史学家拉里·库班有个演讲，题目是"好学校的标准"。本书两位作者都对这个题目感兴趣，所以早早到了会场，挑了前排就座，想好好听演讲，并准备认真记下几条"标准"。但是库班开讲后不久，我们就认识到了自己的错误，库班不是要告诉听众他的答案。他以自己两个孩子的故事作为开场。

他的两个孩子就读于同一所学校。大儿子在学校一直表现好，成绩好，老师喜欢，家长高兴。而二儿子入学后，花了几个月的时间，才"安顿"下来，适应了学校的生活。二儿子爱动，学得快，爱提问题，老师认为他干扰了"正常"教学。显然，两个孩子的性格和学习能力都不同！库班的故事立刻让我们感到惭愧！我们两人都是多年的教师，自认为熟知美国教育，但是仍在盼望得到专家的答案！教育是一个充满个性化需求的复杂领域。对"好学校的标准"这样一个带有哲学意义的问题，存在标准答案吗？我们至今仍在不停地探索这个问题的答案！

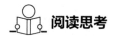 **阅读思考**

1. 校长和全校教职工共同展望一个合作的专业学习共同体在自己学校的体现应该是什么样子的，由此确立学校的使命和愿景。

2. 对于本章中所列CPLC教师的素质和能力，校长组织教师们讨论，对哪些项认同，对哪些项有异议，具备这些素质和能力对今后的教学有什么实践意义。

3. 校长带领全校教职工根据学校使命，确立改革项目。

第四章

建立合作的专业学习共同体的活动

本章中心

> 介绍摸底
> 学校文化
> 的活动

> 推荐三种
> （低、中、高）
> 风险度的活动

如同每一个组织，每所学校在规章制度的引导下以它自有的规律日复一日地运转着，同时学校里潜藏着一种无声无形的力量，也在支配和推动着学校的运行，这种力量就是学校的"文化"，或称为"风气""氛围"，属于"隐性课程"。在一个CPLC的学校里，这种文化就是合作学习的风气。校长以其学识和胆魄带领大家营造这种文化，全校形成一个合作的专业学习共同体。这章主要介绍建立CPLC的活动。

学校文化摸底

首先校长可以通过正式和非正式的方式，和教职工一起研讨学校现有的文化，分析现有的文化是如何有形和无形地影响着大家的价值观和学校的运转的。校长可以组织"本校文化调查"讨论，让大家用关键词表述对学校文化的定位。校长可以准备下列问题，供教职工思考和讨论：

❖ 我们学校文化的特点是什么？

❖ 学校里现在流行的道德标准是什么？它们有助于大家的合作吗？

❖ 用三个词描述我们学校里同事之间的关系。

❖ 一项新任务下来，教职工们是如何了解到这项任务的？任务是如何分配和执行的？

❖ 学校中哪种组织结构是为促进大家合作而设置的？

❖ 教职工之间相互信任吗？有哪些现象体现了这种信任？

❖ 教职工会议进展顺利吗？哪些处理问题的手段值得保留？哪些需要调整？

校长可以提前把这些问题发下去，请大家准备，然后安排专门的会议时间让大家讨论。

为了充分了解学校的文化，校长还可以仔细观察和总结下列现象：

❖ 教职工到校后，首先在哪里停留？是直接进教室或办公室吗？

❖ 教职工之间的交流渠道是什么？谁和谁交流得多？谁和谁交流很少？

❖ 大家的交谈话题是什么？教学？体育比赛？朋友聚会？

❖ 同事之间赞扬多还是批评多？

❖ 谁是大家闲谈的"中心"人物？大家爱找谁聊天？

❖ 教职工是把工作当事业还是当谋生手段？

❖ 教职工都重视哪些问题？

❖ 教师们上课之外的时间是如何利用的？

❖ 教室里、楼道里展示的是什么？宣传的是什么？

❖ 学校里有哪些活动？每次活动的重点是什么？

❖ 什么是教职工们都认可的活动？

❖ 什么是教职工们都认可的说法？

❖ 什么是教职工们都认可的当前任务？

❖ 外人是如何评价这所学校的？

❖ 教职工大会是什么样子的？

　　开会时，谁和谁坐在一起？

　　什么是会议的第一项？什么是最后一项？

　　开会时，有人"开小差"（说话、读报纸、判作业等）吗？

❖ 学校是如何对待教职工中的新计划、新想法的？

❖ 大会之后是否在会场外还有"小会"？

对以上问题的思考和回答不仅可以帮助教职工们了解学校风气，也可以让其反思自身对学校合作文化建设的贡献。

一个学校的风气可以成为推动改革的动力，也可以成为影响改革的阻力。坎特·皮特森（Kent Peterson）把学校文化分为两种：优质（健康）文化和劣质（非健康）文化。表4.1列举了两种文化的表象（Peterson，2002）。

表4.1 优质文化和劣质文化的对比

优质（健康）文化	劣质（非健康）文化
·以学生和教师的学习为学校使命	·互相诋毁，互不信任
·具有崇高的使命感和目的性	·反对改革的人被误认为英雄
·大家共享道德价值，齐心合力、努力工作、不断进步	·"小道消息"传播者当道，且具有破坏性
·相信每一个学生和教职工的潜力	·没有共识，对未来没有信心
·彼此互相鼓励	·教职工之间互不往来，各自为政
·学校是一个专业学习共同体	·中游就好，没有上进心
·外人能感觉到师生的自豪和欢乐	·教职工们"自扫门前雪"，没有合作
·校园内人人相互尊重和关心	

如果教职工们愿意诚实回答以上罗列的问题，并正视其利与弊，学校就开启了建立合作的专业学习共同体的历程。

 动起来："田字格"游戏

下面介绍一种可以用于教职工之间建立信任关系的小组活动。完成这个活动需要教职工们仔细回顾当前学校的交流文化，反思其中的优缺点。全体教职工都要参与这个活动，要让每个人亲身体验这个过程，并深刻反思自己对当前学校文化氛围的感受。这个活动对他们的影响强于任何有关信任的演讲。

表4.2 "田字格"游戏

建立信任的语言 口头语言 肢体语言	有损信任的语言 口头语言 肢体语言
建立信任的行为	有损信任的行为

风险活动定义

在一个CPLC的学校中，最明显的特征是教师们坦诚探讨教学技能、想法和实践，不怕犯错，敢于提问，愿意尝试新教学法。为了营造这样一种开诚布公的协作氛围，校长要主动组织和支持有意义的活动以维护这种协作的风气。在交流时，教职工们不要持批判的态度，而要以积极参与为原则。没有必要证明谁的意见更正确，或谁更高明。建立这种氛围的目的是让各个视角的观点展现出来，大家互相借鉴，这有助于拓展思维和强化重点，也可以避免前进中的错误。

一般情况下，人们都不愿过多暴露自己教学中的问题，有些教师极不情愿有人到他们的教室里听课。原因是听课反馈是批判式的，多为否定，而且还会依据听课结果对教师进行排队划级。怀有挑毛病、定优劣目的的听课当然不受欢迎。在这种文化氛围中工作的教师，只愿意展示自己的长处和掩饰不足。

另外，每个人的"个人领地感"（personal territory）、自尊心，也会增加教师在有同行来听课时的紧张感。同行之间的听课和评课确实是件让人发怵的事，因为在自己已经熟悉又感到得意的工作领域内，谁都不希望别人提出异议甚至批评！有意思的是即便人们有意愿改进自身的教学，但绝大多数人仍希望评估和批评是和风细雨，而不是暴风骤雨。问题是肤浅的评论能改变现状吗？

大量的教师专业发展研究文献证实，最有价值的教师业务进修活动之一是同事和校长听课后的真诚交流。因此，教室与教室之间、教师与教师之间、教师与学校领导之间的"隔绝之墙"一定要拆除，教职工之间一定要进行诚挚的专业对话。

与医学界相比较，我们教育领域内的互助往往是敷衍了事！外科医生们在相互观摩中得到提高。医学界有手术观摩台，同行可以双眼紧盯外科专家在真人身上的实际操作。医学界能够实行现场观摩和合作，为什么教育界就不能如此呢？

为了建立相互合作和相互学习的文化氛围，我们首先需要树立信任、尊重、关爱和正直的价值观。如何在教师之间培育这些价值观呢？如何让这些价值观在一个学校里发扬光大呢？当然，价值观不是一夜之间就会形成的，教职工和校长间的信任也不是因为校长的头衔就建立起来的。所以校长和教职工之间以及教职工之间信任和尊重风气的形成需要时间。

 动起来：教职工活动分类

请给下面的活动分类：哪些属于友情活动？哪些属于教学业务活动？

❖ 在开学第一次教职工大会上，老教师介绍新教师。

❖ 老教师请新教师到自己课堂听课。

❖ 在开学第一次教职工大会上，老教工们回忆校史。

❖ 教职工运动会。

❖ 教职工业务进修活动。

❖ 观看教学录像。

❖ 举办学生成果展。

❖ 全体教职工同看一部电影。

❖ 几位教师共同报名网上进修课。

❖ 校长召集新教师开会，讨论高效率教师特征。

友情活动：　　　　　　　　　　教学业务活动：

_____　　_____

_____　　_____

_____　　_____

思考问题：这两类活动各有什么特征？

_____

_____

　　优化学校文化是建立一个CPLC的重要组成部分，也是强化一个CPLC的过程。校长要和教职工领导团队精心筹划如何在几年内通过带动全体教职工参与各项活动，逐步减少教职工心中对真诚交流的迟疑和忧虑，帮助大家在心理上建立起安全感。这种文化的创建可以通过三种体现心理进程的活动来完成：低风险活动、中度风险活动和高风险活动。

　　首先采用低风险活动，减弱以致消除教职工之间以前形成的隔离感和不信任感，逐步形成一种专业交流的习惯，促进相互之间的了解。一旦坦诚交流、相互信任成为主导氛围，学校就可以安排中度风险活动，让大家逐步公开自己的教学实践，同事间用互相鼓励和支持表达对彼此的接纳和理解。随后，坦诚解析和深刻反思教学的高风险活动就可以在同事间轻松地开展起来了。

　　这些活动的开展推动了学校风气的转变，从开始时"各自为政"关起教室门自教自乐，到同事间能够"和平共处""与人为善"，最后达到"知无不言，言无不尽"的开诚布公。合作学习的新风气呈现时，大家能够从自我保护的封闭教学状态走向共同协作，敢于尝试探索有效的教学方法，能够敞开教室的门，酣畅痛快地交流教学心得（Hargreaves，1989）。切记：在这整个过程中，提高教学质量和为学生服务是活动的起因也始终是中心原则。

　　这里要强调的是，从低风险活动到中度风险活动再到高风的活动，即从封闭到友善再到专业合作关系的建立，并不是一系列单独事件的罗列，也不是三个平台整齐的升降。如图4.1所示，这是一个不间断的连续发展过程，没有明确的开始和结束。当遇到意想不到的挑战或冲突时，可能会有短暂的倒退。

下面对三类风险活动分别进行阐述。

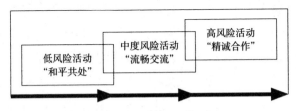

图4.1　风险活动等级

低风险活动：和平共处关系的建立——这些活动不牵涉关于教师教学质量的交流和讨论，更不必听课评课。尤其在开展低风险活动的初期，教职工之间不谈教学，只是彼此之间的友情交往，了解彼此家庭情况、个人爱好或兴趣，建立感情。当时机成熟，大家开始谈教学时，就谈谈如何形成互助合作小组，如何提高学生交流和合作的技巧，介绍教学成功的经验，但不谈失败，不谈困难，因为即便不点名地谈及失败和困难，也有可能触及某些教师的敏感点。

中度风险活动：同事间交流渠道通畅——这些活动和交流会引出有具体内容的教学讨论，但不涉及个人的教学表现。大家相聚，学习如何建立互助小组、解决困难、处理矛盾，谈论对学校使命的执行，对学校的希望，自己理想中的课堂和教学；也可以

讨论大家在一起为完成学校的使命可以做些什么，如何应对课堂
上出现的问题，如何互相帮助做一些事。但这个阶段不需要强迫
任何人进教室听课或请别的教师来听课。教学业务讨论以分享成
功的经验为主。

　　高风险活动：专业合作关系的建立——只有信任感完全建立
起来后，这类活动和交流才会成功进行（Bryk et al.，2003）。
这时，教师和校长都不用担心因为暴露了自己的弱点而得不到尊
重甚至被攻击。一个能够开展高风险活动的专业学习共同体的第
一个特征是大家能敞开胸怀，敢于暴露自己教学中的问题，也善
于听取其他教师的意见。第二个特征是大家敞开自己的教室大
门，欢迎同事们随时来听课，欢迎建设性的评课意见。第三个特
征，也是我们希望达到的最佳境界：合作文化的呈现，人人敞
开思想之门，心胸豁达，参与对教学的深刻探讨。教师之间可以
"结对子"，成为彼此的"批判性朋友"（critical friend）。

警示

　　在进行这些活动时，一定要尊重教师之间的个体差异，因为
每个人对风险活动的敏感度不同。例如有些老师欢迎其他老师随
时来听课，而有些老师对此却十分谨慎。这种差异不能被误读为
一个教师开放程度的高低，教职工对敏感度差异的理解和容忍可
以反映出大家彼此间的关照和真诚合作的意愿。

　　下面呈现三级风险活动的清单，有些活动处于两级风险之
间，风险的高低取决于大家参与活动时交流和讨论内容的深度，

以及对个人业务的揭示和分析的深度。请大家根据本校情况，择而用之。有些活动可以在全校教职工学习班上采用，有些可以纳入教职工个人业务进修计划之中。在使用时，可以赋予活动不同的主题，如"个性化的进修计划""教师专业发展"或者"领导能力的建设"（Alvy et al.，2005）。

低风险活动

表4.3　低风险活动

聚餐	体育比赛	回忆校史	讲成功故事	"今年的功绩"
文献学习	读书俱乐部	网络搜索	建网页	观影会
"优秀教师"的品质	散步交谈	"跳蚤市场"	交流站	学生作品展

聚餐——每人带一道菜或一种主食，主持人准备汤水或饮料，可在某一教职工家或公园或郊外。这种聚会的目的是增强联系，帮助新教师入"伍"，也让在职人员有机会进一步增进了解。

体育比赛——组织教职工参加体育比赛，如足球赛、篮球赛、排球赛。尽量男女混合组队，以利于相互增进了解。

回忆校史——重温校史，可以作为学年初教职工会议的开场活动。把教职工按照教龄或工龄分组，让其分别讲述学校某一时期的特点，如可以从20年前开始：在本校有20年以上工作经验的教职工讲述2000—2005年学校的故事，有15—19年工作经验的教职工讲述2005—2010年的故事，以此类推。讲述的主题可以是当时的学校使命、学生取得的成功、学生的服饰、学校的名人逸事、设备状况、电教器材、教职工状况、周围社区等。鼓励大家用幽默的方式讲述故事。为大家准备好笔和大白纸，在大家回顾的同时，把重要的事件记录下来，随着各组的讲解，学校的历史发展图也就勾画出来了（Lambert et al., 1996）。通过这一活动，大家体验了学校的发展史，感受到了学校的道德观和价值观。

讲成功故事——在教职工大会上，安排一段时间，请教师用学生的作品讲学生的成绩和进步。

"今年的功绩"——要在学年初教职工会议上为这项活动做准备：发给每位教师一张索引卡片，请他在上面写出"希望在这一年结束时给学生留下什么记忆"或者"在你过世时你希望写在你的墓碑上的碑文是什么"。请大家保留好这张卡片，每个月底抽出来看看，检查完成情况。

文献学习——校长、教学组长或教师轮流挑选和推荐有价值的文章，请大家在教职工会议前阅读，会上安排讨论时间，时间可长可短，目的是鼓励教职工们不断学习。随着信任的加强，教师们可以讨论如何在自己的课堂上运用文献中的观点。在这一阶段，只讲成功，不讲失败。

读书俱乐部——教职工可以组织业务读书会，阅读有关教学科研的书籍或是优秀教师的生平经历。如有必要，也可以邀请家长参加。

网络搜索——可以组织几个教师负责搜索与本校的教学问题相关的国内外网页，并形成清单。这张清单便于大家寻找与专业相关的资料。

建网页——组织几个有专长的教师和学生为学校建立或更新网页。其中有学校的主页，也有教师专页、学生专页和家长专页。

观影会——安排教职工一起观看有关教育或教学的影片。若时间有限，不一定要看全片。例如：播放电影《死亡诗社》（*Dead Poets Society*）中的主角基廷（Keating）老师第一次走进英语教室时的片段，可以引发教师们对不同教学法和教育哲学观的深刻讨论。随着风险活动"高度"的提升，改变讨论的问题。

"优秀教师"的品质——请教职工们回忆曾对自己产生重大影响的中小学教师，以及他们值得记住的特征和教学特点。然后，反思自己如何学习他们的优点。

散步交谈——这项活动可以在教职工会议期间进行。请教师们巡视会议室，找到一位最近几周或几个月没有交谈过的同事，用20分钟的时间，散散步，聊聊天，再返回会议室。随着学校文化建设的深入，谈话从谈家常到谈教学问题。

"跳蚤市场"——教师之间交换教具、课程资料和课本，这也是一项促进教学交流的活动。有时，教师可以主动登出"交流资料通知"，以告知其他教师。这种活动特别受退休教师和新教师的欢迎。在教职工会议室，可以安排出一块地方，让大家摆放这些资料，有需要的教师可自由取用。

交流站——这一活动给大家提供了探讨教学问题的机会。在教职工会议召开前，校长分别征求教职工对哪些教学或科研问题有兴趣，然后选几个大家共同关心的议题，写在一张大白纸上，再张贴在会议室的不同地点。会议开始后，校长请对某一议题有兴趣或有研究的教师们聚在标题纸周围，讨论15到20分钟，然后总结讨论的重点，记录在大白纸上。之后，在全体教职工大会上，各组找一名代表用几分钟时间向大家报告小组讨论的重点。这项活动往往能激发大家对某些科研题目的兴趣和进一步探讨的热情。（Robbins et al., 2003）

学生作品展——这个活动的目的是加深教师们对全校学生学习状况的了解，有助于提高教师们对学生要求的一致性。每位教师选出代表不同水平学生的作业参展。作业上不要有学生的名字，也不要有教师的名字。绝不要把这一活动变成学生学习成果的比赛。

中度风险活动

如前所述，中度风险活动开始进行教学讨论，但基本上不涉及个人的教学表现。大家一起讨论如何为提高教学水平做些事。

表4.4　中度风险活动

建立学习小组	跨年级、跨学科合作	创建教师档案袋
专题业务进修组	网上进修小组	和家长、社区的连接
依据使命共创学校目标	离别前公开课	倾诉"烦心事"

建立学习小组——这一活动的目的是根据学校的需要，由教职工组成小组，研讨如何学习、规划和实施州里的学科标准、评估方法或教学实践。相关的主题可以是：探讨帮助后进生的方法，如何开展合作教学，如何加强师生关系，如何进行跨学科教学，如何采用最新的大脑研究成果改进教学，如何利用建构教学法教学相长，如何申请科研经费，如何组织新软件学习班，如何帮助学生将手机用于学习，等等。学习小组内大家共享教学资源。一旦合作文化建立起来，高风险活动可以推行时，教师之间就可以相互听课，观察教学方法的实际运用，然后，讨论某一教学方法的优劣和改进的措施。

跨年级、跨学科合作——这一活动要求教职工进行跨年级或跨学科间的合作以便规划全校课程和全校性评估。为了推动这一活动的进展，教师之间相互提出和回答两个问题：我（你）的学生获得了哪些应得的知识、概念和技能？缺乏哪些应得的知识、概念和技能？

创建教师档案袋——档案袋是一个人或一个集体发展进程的记录，其中包括反映个人或集体的具有代表性的作品。教师档案袋汇集获得好评的教案和学案，相关课程的（网络）资源，课堂教学的录影，教育哲学自述，学生和同事对自己的评语，教学笔记，最新的个人工作简历，学校领导的评估，举办学习班的讲稿或出版物，以及其他反映教师不断追求进步的资料。档案袋里不应只是优秀作品的汇集，还应该包括反映教师教学水平提高的证据，如原来不佳的教学效果、教学改进计划和改进后的学生表现。

专题业务进修组——随着教职工责任感的增强和自信心的提高，教职工们会自发开展教研活动，包括专题讲座等。例如，针对如何提高学生的英语交流能力，学校可以组织全体教师参加培训，强调在某一时段在不同学科应用某一英语知识。学校还可以选派教师代表参加学区或全国专业会议，回来后同全校教职工分享收获。学校的合作文化建立起来后，可以尝试进行高风险活动，如个别教师先行在自己的教学中使用新的教学法，并请其他教师听课讲评。

网上进修小组——几个教职工可以共同注册网上的某门课程。通过共同学习，增进教职工之间的了解，建立共同的专业语言。

和家长、社区的连接——由几个带头教师组织夜校或周末家长学习班，主题可以是如何辅助孩子完成家庭作业，语文或数学教学的改革现状，如何激发孩子的学习主动性，周末和节假日可进行哪些有教育意义的活动，如何引导孩子健康使用电脑，等等。

依据使命共创学校目标——教职工可以在学年结束时，和学校领导一起认真总结对年初制定的愿景和目标的完成情况。每五到八位教职工组成一组，选出一名协调员，记录对以下三个问题的讨论：①今年哪些工作做得好？②哪些工作可以做得更好？③明年我们应该如何做？之后，召开教职工大会，各组交流讨论结果。最后，各组协调员开会，概括归纳小组讨论结果，确定学校明年的目标。

离别前公开课——阿尔维在印度德里美国学校当校长期间，开展过这个活动。当时几位教师正准备退休或离开这所学校，一位继续留在本校的教师说，她还没来得及到每位即将离别教师的班上去听课，为此感到遗憾。阿尔维得知这个消息后，在学校里开展了一项活动，即每一位教师即将离开学校的前两三个月，请敞开教室大门，欢迎大家随时来听课。从此后，"离别前公开课"成为春季教师活动的一个重头戏。离别教师可以感受到大家对他的留恋，也有助于教师之间的相互学习。

倾诉"烦心事"—— 这属于中度甚至高风险活动，因为公开讲出工作困境要比讲述成功更难，它会让人担心旁人的冷嘲热讽或是蔑视。这项活动可以在教职工会议上进行。教师把自己难于解决的问题带到会上，如某一学生或某类学生的学习问题或纪律问题，请大家出主意、想办法。例如，一位教师请大家出主意如何对待注意力不集中的学生。大家可以把自己的办法和有关的科研文章带到会上，花几分钟时间献计献策。

高风险活动

高风险活动可以开展时也是学校跨进合作的专业学习共同体的时候，反过来，高风险活动的持续开展又会提升学校工作的专业性和效率，强化学校作为一个合作的专业学习共同体的文化。下面列举出一些高风险活动。

表4.5　高风险活动

新老教师传帮带	教学督导	专业互助组	优秀示范课
校长"推门"听课	实施集体备课	辅导后进教师	分担领导责任
开展教研活动	分析教学视频	以数据为依据进行教学决策	制订教师个人业务进修计划

新老教师传帮带——教师职业生涯中最具挑战的时期是开始阶段。非常不幸的是，美国有大约百分之二十的新教师在进入教师队伍后的前五年就离职了。他们中大多数人离去的原因并不是嫌弃工资低，而是不能胜任课堂管理工作，并且得不到恰当的辅导和帮助。为了减少新教师流失，为新教师配备老教师当导师被视为一项有效预防措施。作为导师的老教师，用自己成功的教学经验帮助新教师制订教学计划，为新教师上示范课，帮助他了解、解读学生的学习状态和心理活动，为其讲解学校的政策和办事程序，介绍学校的文化和价值观等。了解新教师的个性，选好匹配的导师是这一活动成功的重要条件。

教学督导——正确实施教学督导是提高教学质量的有力措施。督导是一个过程，而不是一次性的检查。它包括听课前预备会议，听课，听课后教师的个人反思和评课。校长是这一活动的"常客"，也可邀请老教师参加教学督导。

专业互助组——具有相同教龄或在相同学科任教的教师组成互助组，相互听课和交流。有的学校用"掺沙子"法，鼓励新、老教师编在一组，加速新教师的教学成长，帮助老教师补充新知识。这是一个提升专业能力的过程，不是由谁告诉谁"错或对""好或坏"，不鼓励教师之间评分式或判断性的评论。听课的重点是听课前讨论过的，听课后的讨论也要紧紧围绕这些重点，否则会损害同事间的尊重和信任。一年中可以进行两到三次这样的活动。校长的协调作用表现在帮助安排时间，提供会议室，以及示范如何运用提问法鼓励自我反思等方面。

优秀示范课——美国的不少中小学，会请经验丰富的优秀老教师担当教师导师一职。这些导师不但熟知经过检验的最佳教学法，而且懂得言传身教。他们通过上示范课，展现如何使用某一种教学法，为新教师或教学有困难的教师提供直观的教学过程。有的教师导师还和其他教师组成教学团队，一起上课，让教师直接体验新教学法。

校长"推门"听课——校长可以随时走进教室，用五到十分钟的时间听听课，鼓励学生和教师，以显示教室是学校的活动中心。这种教室内短暂走访的听课只有在信任和尊重完全建立起来之后方可进行。每次简单听课后，校长要留下具体的反馈。例如，听完十分钟英语课后，校长离开时，给教师留下这样的评语："这是堂好课，你鼓励学生们积极参与，学生们给故事添加的想象结尾多种多样，而且你耐心地听学生讲完他们的故事。为你的学生有这样的教师感到骄傲。"

实施集体备课——按年级或学科集中在一起讨论和交流教学计划。例如，为了教好一篇阅读文章，英语教师们共同讨论最佳教学方案。几轮讨论后，由一位教师执行教学计划，其他教师听课观摩，找出难点，大家提出多种教学可能性。学年结束时，参加学区组织的优秀教学计划展览以便在更大范围推广这个教学计划。

辅导后进教师——每一位教职工都负有帮助同事提高的责任。这是一项具有高风险度的责任。有些学校指定教师导师负此责任，有的学校是校长直接参与。无论谁是负责人，都要和教学表现差的教师制订业务提高计划。这项计划中应包括以下几项：①用课堂教学实例确定问题所在；②说明这一问题如何有碍于学生的学习；③提出具体的改进方法，如教学法，教材的使用，学生学习收获的评估法，等等；④确定计划执行时间表。双方共同决定教学计划，听课评课的时间，要参加的业务进修活动和要阅读的相关的教学科研文献；⑤经常听课、评课，直至他有了明显的进步。在一个CPLC的学校里，学校不是"等着"教学后进教师离开，而是及早提供辅导，帮他在工作中尽快提高，使其成长为一名合格教师。

分担领导责任——在中小学教学领域中不尽如人意的一点是

如果教师不想离开课堂教学，他就很难有机会担当领导职务。所以，不少拥有领导能力又不愿意离开课堂教学的教师，都放弃了当学校领导的机会。为了发挥这些教师的领导能力，许多学校让这些教师担当领导教学的责任，如让他们协调课程计划，保证教学资料的更新和使用，辅导教学后进教师，带新教师，等等。

开展教研活动——现在有许多中小学教师以自己的教学实践为例子，开展教学研究，解决自己课堂上或是学校里的问题，例如：如何提高阅读教学法的效率，如何帮助数学有困难的学生，如何帮助学生顺利地从初中过渡到高中。这些研究课题来自课堂教学实践和学生的真实需要。教师们参与研究的动力强，研究结果的重复使用率也高。

分析教学视频——分析某位教师的教学视频是一项高风险的活动，但通过层层"剥皮"地深入分析，一定会使大家受益匪浅。在一个建立起合作的专业学习共同体文化的学校中，大家诚恳相待，以学习提高为目的，以此为基础开展这项活动应该是安全和有意义的。但是，同事间的点评毕竟对录像中的教师是一个"惊心动魄"的场景。下面提供几条建议，以降低风险度。①每次不必录下整堂课。只要一二十分钟，录下与教学讨论相关的重点即可。②每次不必播放全部视频。只播放重点讨论的一小部分，如开课时如何调动学生的积极性，如何引导学生的讨论，播放时，只需放映相关的部分。③收录学生的学习情景有时比收录教师的教学情景更有益于教学水平的提高。例如，如果教师在使用合作教学法时，收录学生的小组活动进展和行为表现，更能显示此教学法的功效。

　　以数据为依据进行教学决策——当前在美国中小学界，流行的口号是"以数据为依据决定教学措施"，即根据学生的学习表现来决定教学方法、课程内容和评估方法。杜福尔等人（DuFour et al.，1998）认为学校责任制的实施和检验都应该在学校领导和教师的手里，而不是政治家手里。为了鼓励教师反思教学实践，向教师提出下列问题：学生需要什么知识？作为一名教师你怎么知道学生已经掌握了这些知识？如果学生还没学会，你又怎么办？诚实地回答这些问题是"担风险"的事，因为有些答案会反映教学的不成功处。敢于暴露自己教学弱点的教师，担当的风险更大。然而数据能告诉我们哪些教学法更适于某些特定学生群，而不是大多数学生。例如合作教学法在数学课上对女生学习成绩的提高作用优于对男生的，但是对男生的社交能力的提高却十分有效。以数据为依据进行教学分析的做法把增强教学效果的责任直接交到教师和学校领导的手里，他们需要通过团队的努力找出合适的教学和评估方法，帮助不同特点的学生共同进步。

　　制订教师个人业务进修计划——在得到校长或优秀教师的指导后，教师们评估自己的教学表现和需要，制订个人业务进修计划。计划一般包括三部分：①详细明确的进修目标；②执行时间表，达到目标的具体步骤和时间；③期末或学年末的收获。个人计划要和学校的使命、愿景一致。由于教师各有特长，有时个别教师的计划重点可以有别于学校的目标，例如，提高阅读能力是全校今年的目标，全校教师要参加提升学生阅读能力培训班，但是，个别老教师要利用同一笔经费参加提高学生写作能力培训班，这也是可以的。

本章小结

一种合作的专业学习共同体文化的建立和强化是顺利而有效进行高风险活动的保证，而高风险活动的开展又反过来巩固一个CPLC的生存。校长不但要出主意、想办法，而且要为大家做典范。当一位校长建议教师相互听课，大家的反响不强烈时，他应以身作则，在自己召开教职工大会时，请附近学校的校长来旁听。会议结束前，他请旁听的校长为他组织会议的能力做出点评。他这一高透明度的举动有可能会推动教师之间的听课和讲评。校长还可以邀请附近学校的校长来观摩自己一天的活动并给予评估。

当高风险活动的开展变成学校的常规活动，大家都为教学进步努力时，一个良性循环的健康文化一定会为学校改革增添活力。

阅读思考

1. 根据本章列举的活动，回顾一下在你的学校里都开展过哪些类似的活动？教职工们对活动的反馈如何？达到了哪些目的？

表4.6　本校风险活动纪实分析

风险级别	活动	教职工反馈	优劣评估
低风险活动			
中度风险活动			
高风险活动			

2. 本章中的哪些活动可以应用于你的学校？

中 文 文 献

北京市海淀区中关村第三小学，2012. 中关村第三小学学校发展纲要（2012—2018）（试行）. 北京：1.

马云，2017. 马云讲使命、愿景、价值观是什么 [EB/OL].（2017-07-07）[2018-10-02].http://www.360doc.com/content/18/0118/18/51556529_723137089.shtml.

张之俊，杨雄，2016. 非常理想，特别现实：北京市十一学校章程与制度集萃[M]. 北京：教育科学出版社：8.

周围围，2017. 马云三问：你有什么、你要什么、你放弃什么 [EB/OL].（2017-01-27）[2018-10-05]. http://news.youth.cn/gn/201701/t20170127_9070192.htm.

朱萍妃，2018.《阿里铁军》：马云卸任了，他的团队为何让他如此信任？ [EB/OL].（2018-09-12）[2018-10-05]. http://www.cankaoxiaoxi.com/culture/20180912/2324106.shtml.

英 文 文 献

ALVY H, ROBBINS P, 2005. Growing into leadership [J]. Educational

Leadership, 62(8): 50–54.

ALVY H, ROBBINS P, 2010. Learning from Lincoln: leadership practices for school success [M]. Alexandria, VA: ASCD.

BRYK A, SCHNEIDER B, 2003. Trust in schools: a core resource for school reform [J]. Educational Leadership, 60(6): 40–45.

COLLINS J, PORRAS J, 2002. Built to last: successful habits of visionary companies [M]. NY: Harper Collins: 42–45.

COLLINS J, 2005. Good to great and the social sector [M]. Boulder, CO: Jim Collins.

COTTON K, 2003. Principals and student achievement: what the research says [M]. Alexandria, VA: ASCD.

CUBAN L, 2013. Inside the black box of classroom practice: change without reform in American education [M]. Cambridge, MA: Harvard Education Press: 75.

DACCORD T, REICH J, 2015. How to transform teaching with tablets [J]. Educational Leadership, 72 (8): 18–23.

DORAN T, LEWIS N, 2019. How to prepare children for the jobs of the future [EB/OL]. (2019–07–30) [2019–08–21]. https://www.cnn.com/2019/07/30/business/future–education–technology/index.html.

DUFOUR R, EAKER R, 1998. Professional learning communities at work: best practices for enhancing student achievement [M]. Bloomington, IN: National Educational Services.

DUFOUR R, DUFOUR R, EAKER R, 2008. Revisiting professional

learning communities at work: new insights for improving schools [M].
Bloomington, IN: Solution Tree: 14-16.

DWECK C, 2016. Mindset: the new psychology of success [M]. New
York: Ballantine Books.

FULLAN M, 2001. Leading in a culture of change [M]. San
Francisco, CA: Jossey-Bass.

FULLAN M, 2007. The new meaning of educational change [M].
4th ed. New York: Teachers College Press.

FULLAN M, HARGREAVES A, 1996. What's worth fighting for in
your school?[M]. New York: Teachers College Press.

GEORGE B, 2007. True north [M]. San Francisco, CA: Jossey-Bass.

GLICKMAN C, GORDON S, ROSS-GORDON J, 2005. The basic
guide to supervision and instructional leadership[M]. London: Pearson
Publisher.

HALL P, CHILDS-BOWEN D, CUNNINGHAM-MORRIS A,
et al., 2016. The principal influence: a framework for developing
leadership capacity in principals [M]. Alerandria, VA: ASCD: 98-118.

HARGREAVES A, 1989. Coaching as unreflective practice: contrived
collegiality or collaborative culture [C]. Paper presented at the American
Educational Research Association Conference.

HATTIE J, FISHER D B, FREY N, 2016. Visible learning for
literacy, Grades K-12 [M]. Newbury Park, CA: Corwin Press.

HIRSH E D, 1995/1996. Approaches to improving schools: start with developing a shared vision [J]. School Team Innovator(12/1).

HONAWAR V, 2008. Working smarter by working together [J]. Education Week, 27(31), 25–27.

KLEIN A, 2019. What every educator needs to know about artificial intelligence [EB/OL]. (2019–07–26) [2019–08–16]. Education Week. http://www.edweek.org/ew/issues/artificial–intelligence/.

LAKESIDE SCHOOL, 2019. Mission and values [EB/OL]. [2019–10–05]. https://www.lakesideschool.org/about us/mission–and–values.

LAMBERT L, et al., 1996. Who will save our schools: teachers as constructivist leaders[M]. Thousand Oaks, CA: Corwin Press.

MARZANO R, WATERS T, MCNUILTY B, 2005. School leadership that works: from research to results[M]. Alexandria, VA: Association for Supervision and Curriculum Development: 13–27.

MAXWELL J, 2008. Success101: what every leader needs to know [M]. Nashville, TN: Thomas Nelson.

NATIONAL CENTER FOR EDUCATION STATISTICS, 2018. Reading performance [EB/OL]. [2019–10–06]. https://nces.ed.gov/programs/coe/pdf/coe_cnb.pdf.

NATIONAL CENTER FOR EDUCATION STATISTICS, 2018. Mathematics performance [EB/OL]. [2019–10–17]. https://nces.ed.gov/programs/coe/indicator_cnc.asp.

NATIONAL EDUCATION ASSOCIATION, 2018. Preparing 21st century students for a global society: an educator's guide to the four Cs [EB/

OL]. [2019-10-15]. http://www.nea.org/assets/docs/A-Guide-to-Four-Cs.pdf.

NORTH CENTRAL REGIONAL EDUCATION LABORATORY, 2006. Need to address the problems of resources [EB/OL]. [2019-10-17]. Retrieved from http://www.ncrel.org.

PETERSON K, 1982. Making sense of principal's work [J]. Australian Administrator, 3(3): 1-4.

PETERSON K, 2002. Positive or negative?[J]. Journal of Staff Development, 23(3): 10-15.

ROBBINS P, ALVY H, 2003. The principal's companion: strategies and hints to make the job easier [M]. Thousand Oaks, CA: Corwin Press: 125-130.

ROBBINS P, ALVY H, 2014. The principal's companion: strategies to lead schools for student and teacher success [M]. 4th ed. Thousand Oaks, CA: Corwin Press, 85-100.

ROTHERHM A, 2008. 21st century skills are not a new education trend but could be a fad. U. S. News and World Report [EB/OL]. (2018-12-15) [2019-08-21]. http://www.usnews.com/opinion/articles/2008/12/15/21st-century-skills-are-not-a-new-education-trend-but-could-be-a-fad.

SAN FRANCISCO UNIFIED SCHOOL DISTRICT, 2016. Transform learning. Transform lives. A Guidebook towards vision 2025 [EB/OL]. [2019-09-08]. http://sfusd.edu.

SPARKS S, 2016. Principals work nearly 60 hours a week [J]. Education Week. 36 (11): 10.

STUYVESANT HIGH SCHOOL, 2019. Mission Statement [EB/OL]. [2019–09–03]. https://stuy.enschool.org.

WALSER N, 2008. Teaching 21st century skills: what does it look like in practice? [J]. Harvard Educational Letter, 24 (5): 2.